KÜRBIS

Renate Kissel

KÜRBIS

Mit über 90 Rezepten
exklusiv fotografiert
für dieses Buch von
Sabine Böttcher

INHALT

Kürbis, Weltmeister mit Durchschlagskraft	5
Kürbisse für die Küche	12
Kürbis & Co. für Auge und Magen	14
Anbau, Ernte und Lagerung	20
Kürbis & Kürbiskerne – so gesund!	24
Vom grünen Gold	27

Rezepte

Salate, Brotaufstriche, Vorspeisen und kleine Gerichte	30
Suppen und Eintöpfe	64
Hauptgerichte aus aller Welt	86
Vegetarische Genüsse	114
Süßspeisen, Marmeladen und Chutneys	140
Backwaren und Getränke	176

Register	202
Bildquellen, Impressum	206

Gemäß dem Film «Belle de jour» – mit Cathérine Deneuve – könnten Betrachter von Kürbis- oder wie hier Zucchiniblüten frei übersetzt darauf kommen: „Schöne eines Tages". Länger hält die leuchtende Pracht nämlich nicht. Dann geht der Kreislauf weiter: Aus der Blüte erwächst eine Frucht, von sehr klein bis gewaltig in Ausmaß und Gewicht. Doch das erfahren Sie im Haupttext. Und natürlich, was man sonst alles aus den Kürbissen und ihren Verwandten – Zucchini, Melonen und Gurken – machen kann.

Kürbis, Weltmeister mit Durchschlagskraft

Von Kürbis-Kolossen und -Kanonen

Wir alle kennen die fratzenhaften Gesichter der ausgehöhlten orangefarbenen Riesenkürbisse, die sich nun auch in Mitteleuropa immer größerer Beliebtheit erfreuen. Kein Zweifel, es ist wieder Halloween. Halloween? ... Was ist das überhaupt? Halloween bedeutet ursprünglich „All Hallows' Eve" (Allerheiligenabend), wobei der Vorabend von Allerheiligen gemeint ist. Bei so vielen Heiligen durfte der Teufel nicht fehlen. So entstand in Irland ein Brauch, der über Amerika zu uns gekommen ist. Einer Legende zufolge lebte in Irland einst ein gewisser Jack Oldfield. Am Abend vor Allerheiligen kam der Teufel zu dem geizigen und trunksüchtigen Jack, um ihn zu holen. Aber Jack lockte den Teufel auf einen Baum und ritzte schnell ein Kreuz in den Stamm.

Derart im Baum gefangen, schließt der Teufel mit Jack einen Vertrag: Statt in die Hölle zu kommen, darf Jack O. um die Hölle herum spazieren. Der Teufel wird seine Seele niemals kriegen. Nach seinem Tod konnte Jack also aufgrund seines Lebenswandels nicht in den Himmel, aber auch nicht in die Hölle kommen. Armer Jack! Weder Himmel noch Hölle – sondern ewig die dunkle Zwischenwelt durchwandern müssen. Da hat selbst der Teufel Erbarmen. Er schenkt Jack eine ausgehöhlte Rübe und ein glühendes Kohlenstück aus dem Höllenfeuer. Dieses steckt Jack in die Rübe, und die erste Jack O.-Lantern ist geboren! Seither wandert Jacks unerlöste Seele am Abend vor Allerheiligen mit der Laterne durch die Dunkelheit.

Da in Amerika Kürbisse weit verbreitet sind, nutzen die irischen Auswanderer in der neuen Welt statt der Rüben bald die sonnigstrahlenden Kürbisse, die seither als „Jack O.-Lantern" weltweit bekannt geworden sind. Darüber hinaus werden die Pumpkins auch als nahrhaftes Viehfutter sowie als Material für einen schmackhaften Kuchen (Pumpkin Pie) verwendet. Das ist aber noch nicht alles.

„Pumkin' Chunkin" ist eine in Millsboro, Delaware (USA) ausgetragene Kürbis-Weitwurf-Weltmeisterschaft, die jeweils am ersten Wochenende nach Halloween ausgetragen wird. Ca. 100 Teams treten mit einer Vielzahl selbstgebauter Kürbis-Katapulte an und konnten mit einer Kürbis-

Besser noch als die kleineren „Rübengeister" eignen sich die größeren Kürbisse hervorragend zum Aushöhlen. Mit einem Windlicht darin wird je nach Gestaltungskunst auch ein als Dämon gedachtes Gesicht zum freundlichen Gesellen für ein paar Herbstwochen. Eben so lange, bis Frost oder Regen der schrumpelnden oder faulenden Hülle den Garaus machen.

Kürbisse sind also vielseitig nutzbar. Zum Leuchten, Werfen, Wiegen und ... Essen. Was Letzteres betrifft, so vertragen sie sich sowohl mit salzigen als auch süßen Zutaten. Außerdem sind sie immer neu kombinier- und variierbar. Sie können appetitliche Vorspeisen wie Salate, Brotaufstriche, Hauptgerichte mit Fisch und Fleisch oder auch Süßspeisen und Backwaren bereichern. Für Kürbissuppen wird das Fruchtfleisch allein oder mit Kartoffeln und einer Brühe mit Gewürzen zubereitet.

Luftdruckkanone die bisherige Rekordweite von 1324,8 Metern erzielen.
Ernsthafter zu geht es in Ludwigsburg bei der „weltgrößten Kürbisausstellung" mit über 500 000 Kürbissen insgesamt und Erzeugnissen wie Kürbis-Fruchtaufstrichen, Kürbisnudeln, Kürbiskernölen, Kürbiskernen, eingelegten Kürbissen, Kürbissekt sowie Kürbislikören. Nicht fehlen durfte hier auch 2010 die Europameisterschaft im Kürbiswiegen. Sieger wurde das deutsche Team „Heavy East" mit einem 661,5 Kilogramm schweren Koloss. Ob da nicht Genmanipulation im Spiel war?

Von steirischen Ölkühen

Infolge des intensiven Kürbis-Anbaus in der Steiermark und in Südosteuropa nimmt durch gezielte Züchtungen, aber auch durch zufällige Kreuzungen die Sortenvielfalt beständig zu. Mehr an Formen, Farben und Größen schafft bei der Fruchtbildung keine andere Pflanze!
Bei der großen Kürbissortenschau im steirischen Wies/Österreich, den KÜRWIESTAGEN, lassen sich alle zwei Jahre am ersten Oktoberwochenende eine Vielzahl verschiedenster Kürbissorten und -raritäten bewundern. Außerdem wird eine kommentierte Kernölverkostung angeboten. Kürbiskerne pur können einen dekorativen und zugleich gesunden Essensbeitrag leisten. Nicht zu verachten der leckere Kürbiskern-Brotaufstrich, ein Kürbiskern-Pesto oder die Kerne einfach nur zum Knabbern. Bei unserer Reise durch die Steiermark kamen wir genau richtig, um diese herrlichen Tage mitzuerleben. Die freundlichen, hilfsbereiten Steirer begrüßten uns herzlich und dann durften wir auch noch bei der Ernte dabei sein. Zum Schluss wurden wir unter anderem mit einem Gleisdorfer Ölkürbis beschenkt.

Ein wenig Botanik

Das Kürbis-Kochbuch profitiert davon, dass der Kürbis einige namhafte Verwandte hat, so etwa die Zucchini. Im Italienischen bedeutet die Mehrzahl nichts anderes als kleine Kürbisse; wenn hier im Buch von *Zucchino* gesprochen wird, ist das sprachlich korrekt 1 Frucht.
Ferner gehören zur Familie der Kürbisgewächse die Gurken, die *pepini*, was im Spanischen die Verkleinerungsform von Kürbis bedeutet.
Aufgrund ihrer harten Schale werden Kürbisse auch als Panzerbeeren bezeichnet, das haben sie mit ihren entfernten Verwandten, den Melonen, gemeinsam. Somit sind Kürbisse die größten Beeren der Welt.
Über 500 Jahre nach der Entdeckung durch Kolumbus und rund 7 000 Jahre nach seiner ersten Kultivierung durch die Indios hat sich der Kürbis, dank der kontinuierlichen Nutzung durch die Menschen, über die ganze Welt ausbreiten können.
Eine Ausnahme bildet nur der Flaschenkürbis, auch *Kalebasse* oder *Herkuleskeule* genannt. Seine Ursprünge finden sich in den Tropen der ganzen Welt, also auch in Asien und Afrika. Hier wurde er wegen seiner Bitterstoffe weniger als Nahrung, viel-

Ludwigsburg, die frühere Residenzstadt der absolutistisch regierenden württembergischen Herzöge, hat mit dem riesigen, am Vorbild Versailles orientierten Schloss mit dem Park „Blühendes Barock" eigentlich Anziehungskraft genug. Ein besonderer Anlass, dieses Gesamtkunstwerk ausgiebig zu besuchen, ist die herbstliche Kürbisausstellung: mit Speisekürbissen aller erdenklichen Sorten, Zierkürbissen und einem großen Markt mit leckeren Kürbiserzeugnissen.

Auch in die vegetarische Küche hat der Kürbis Eingang gefunden. Kürbisgerichte vermögen einen wichtigen Ernährungsbeitrag zu leisten, da sie Vitamin- und Mineralstoffe, vor allem Vitamin C, Kalium, Calcium, Magnesium und Ballaststoffe enthalten. Kürbis-Chutneys verleihen den unterschiedlichsten Gerichten eine würzige, süß-saure oder auch scharf-pikante Geschmacksnote.

mehr zur Herstellung von Haushaltsgeräten genutzt. Nach Trocknung und entsprechender Bearbeitung wurden aus Kürbissen ursprünglich Töpfe, Teller, Kellen, Karaffen und sogar Musikinstrumente gebaut. Erst als es gelungen war, durch Züchtung Kürbisse von ihren giftigen Bitterstoffen zu befreien, begann ihr Siegeszug um die Erde, auch in nicht tropische Regionen, wobei sie in Europa schon vor 1 000 Jahren einen gesicherten Platz in Klostergärten erobern konnten. Gegenwärtig liegt die Anzahl der registrierten Kürbis-Sorten bei etwa 1 000 in über 90 Gattungen. Experten schätzen, dass bis zum Jahre 2020 die Anzahl weiter anwachsen wird. Auch in dieser Hinsicht erweist sich der Kürbis als wahrer Weltmeister. Doch für Jack O. kommt unser heutiges Wissen leider zu spät. Vielleicht hätte er ja statt für Alkohol besser eine Vorliebe für Kürbismarmelade entwickeln sollen.

Heute werden Kürbisse hauptsächlich in Süd- und Mittelamerika sowie im Süden Nordamerikas, in Australien/Neuseeland, China, Japan und der Ukraine angebaut. In Europa gelten die Mittelmeerregion und neben Frankreich, Österreich auch Ungarn sowie Rumänien als bevorzugte Anbaugebiete. In Deutschland nimmt der Anbau immer mehr zu.

In Italien wird jedes Jahr in der Region Friaul-Julisch Venetien im Ort Venzone ein großes Kürbisfest veranstaltet.

Die **Kürbisfamilie**, *Cucurbitaceae* wird unterteilt in mehrere Gattungen wie:
Cucurbita – Kürbis
Cucumis – Melone, Gurke
Lagenaria siceraria – Kalebasse

Unter diesen Gattungen wiederum unterscheiden wir Arten wie:
Cucurbita maxima – Winterkürbis, Riesenkürbis
Cucurbita pepo – Sommerkürbis, Gartenkürbis
Cucurbita moschata – Moschuskürbis
Cucurbita ficifolia – Feigenblattkürbis
Cucurbita argyrosperma, Syn. C. mixta – Ayotekürbis

Noch feiner wird unterteilt in Sorten, hier nur einige von vielen:
Cucurbita maxima: Hokkaido, Buttercup, Gelber Zentner, Atlantik Giant, Hubbard, Olive, Rouge vif d'Etampes, Red Kuri, Rote Warze, Pink Jumbo Banana, Bleu de Hongrie, Sweet Mama

Cucurbita pepo: Acorn, Jack O.-Lantern, Spaghetti-Kürbis, Patisson, Ölkürbis, Kamo-Kamo, Goblin Eggs, Zucchini, Zierkürbisse

Cucurbita moschata – Butternut, Muscade de Provence, Longue de Nice, Large Cheese, Avalon, Trombetta di Albenga

Cucurbita ficifolia – Feigenblattkürbis

Cucurbita argyrosperma, Syn. C. mixta – Ayote, Cushaw-Typen, Green Striped

Die Jahrtausende andauernde Kultivierung hat uns eine Vielfalt an Kürbisarten beschert, wie die folgende Doppelseite eindrucksvoll beweist. Mediterrane Wochenmärkte vermitteln am ehesten einen Eindruck ihres Arten- und Farbenreichtums. Kürbisse unterschiedlicher Größe eignen sich vorzüglich zum Stapeln und haben deshalb einen festen Platz in den kunstvoll errichteten Früchtepyramiden.

Kürbisse für die Küche

Vor allem in der Steiermark hat man sich auf den Anbau und die Weiterverarbeitung des Ölkürbis' spezialisiert. Der Aufwand ist nicht zu verachten: 1 ha Ölkürbisfläche liefert 500 bis 1 000 kg Samen. Pro Kürbis sind nach Trocknung der Kerne etwa 75 g übrig. Für 1 Liter Kürbiskernöl werden etwa 2,5 kg getrocknete Kerne benötigt, das sind durchschnittlich 35 Kürbisse. Bevor das grüne Gold in die dunkle Flasche kommt, werden die Kerne gewaschen, anhaftendes Fruchtfleisch sowie Samenfäden und Schalenstücke entfernt. Anschließend werden die Kerne in etwa 12 Stunden getrocknet bei höchstens 60 °C, bei Saatgut höchstens 40 °C und danach in großen Säcken trocken und kühl gelagert.

Speisekürbisse, auch Gartenkürbisse genannt, besitzen einen sehr hohen Anteil an essbarem Fruchtfleisch. Zu ihnen zählen:

Sommerkürbis
Unter den vielen Sorten für die Küche finden sich auch einige ganz Besondere, wie Ölkürbis, Zierkürbisse oder Spaghetti-Kürbis, der in Japan gezüchtet wurde. Er wird ungeschält gekocht. Das faserige Fruchtfleisch wird dann spaghettiartig gegessen.

Winterkürbis
Bei den Winterkürbissen gibt es viele schmackhafte Sorten. Sogar ein Riese unter ihnen, der Atlantic Giant, gezüchtet von Howard Dill aus Kanada. Dieser Riese brachte 1996 ca. 500 kg auf die Waage und stellte somit einen Weltrekord auf – damals.

Moschuskürbis
umfasst wärmebedürftige Sorten mit hohem kulinarischem Wert.

Feigenblattkürbis
Die Blattform gibt den Namen. Wegen seiner Widerstandsfähigkeit lässt er sich auch in höheren Lagen anbauen. Er wird vielfach als Veredelungsgrundlage für Melonen und Gurken genutzt.

Ayote
Wegen der langen Wachstumsdauer ist diese Art bei uns weniger gefragt. Die grün gestreiften Cushaw-Typen mit eher neutralem Aroma haben für die Konservenindustrie Bedeutung. Die gerösteten Samenkerne gelten jedoch als Delikatesse.
Die Wuchsart kann buschtriebig, aber auch langtriebig sein.

Ölkürbis *(Cucurbita pepo var. styriaca)*
Der Steirische Ölkürbis gehört zur Gruppe der Gartenkürbisse. Er wurde vor etwa 100 Jahren speziell gezüchtet, um aus seinen Kernen das äußerst gesunde wohlschmeckende dunkelgrüne Öl zu gewinnen. Der Fruchtfleischanteil ist sehr gering, umso größer ist der Anteil seiner schalenlosen Kerne. Nur ein feines Silberhäutchen, auch Flugge genannt, erinnert daran. Weitere Sorten wurden zum größten Teil von der Saatzucht Gleisdorf gezüchtet, z. B. Retzer Gold, Gleisdorfer Maximal, Gleisdorfer Opal, Gleisdorfer Diamant, Gleisdorfer Kristall und Gleisdorfer Express. Eine beliebte Sorte ist auch Lady Godiva, ebenso unter dem Namen *Steirischer Ölkürbis* bekannt.

Kürbis & Co. für Auge und Magen

Einige Zierkürbisse, die in der Regel lange haltbar sind, können im frühen Stadium auch in der Küche verwandt werden, als Beispiel gelten folgende Sorten: Bischofsmütze, Kleiner Türkenturban, Warzige Orange sowie als Zier- und Speisekürbis Kumi Kumi sowie Buen Gusto.

ZIERKÜRBISSE
Von außergewöhnlicher Formen- und Farbenvielfalt gehören sie zum einen zur Gruppe *Cucurbita pepo*, einige auch zur Gruppe *Cucurbita maxima*.
Schnitzkürbisse sind zum Beispiel für Halloween der Jack O.-Lantern und Young's Beauty.
Flaschenkürbisse, auch *Kalebassen* genannt, dienen seit alters als Dekorationsartikel.

Chayote, Chocho, XuXu
(*Sechium edule*) gehört zu den tropischen Kürbisgewächsen. Einst nur in Mexiko, wird sie heute erfolgreich in warmen Regionen angebaut. Ihr Geschmack ist neutral mit einem nussigen, essbaren Kern. Sie kann roh in Salaten gegessen oder wie andere Kürbisarten verarbeitet werden.

KLEINE KÜRBISARTEN
Zucchini *(Cucurbita pepo)* wurden Ende des 17. Jahrhunderts in Europa gezüchtet und zunächst hauptsächlich in Italien vermarktet. Sie sind eine Unterart des Gartenkürbisses; die Blätter sind ähnlich, allerdings kleiner, und sie haben eine geringere Rankenbildung. Die länglichen und runden Früchte sind dunkelgrün, cremig grün, gelb, gestreift und bei einer Länge von 10 bis 20 cm besonders schmackhaft. Hierzulande werden sie von Ende Juni bis Anfang Oktober geerntet. Zarte Früchte können roh gegessen werden. Sie schmecken gedünstet, gebraten und gegrillt. Die wasserreiche Frucht ist kalorienarm und hat wie die Kürbisse an Vitaminen und Mineralstoffen eine Menge zu bieten. Eine besondere Delikatesse sind die gelben Blüten.
Die Sorten Astia, Black Beauty, Delfs u. a. m. sind dunkelgrün; von hellgrüner Farbe sind Ambassador, Artica, Diamant, Elite, Excalibur, Tamino. Gelbe Sorten sind Gold Rush, Golden Dawn II und die von dem Institut Volcani in Tel Aviv gezüchtete, außen und innen gelb gefärbte Zucchini, der Professor Harry Paris den Namen „Goldy" gegeben hat.

Rondini *(Cucurbitaceae),* nicht zu verwechseln mit den runden Zucchini, haben ähnlich wie der Kürbis eine härtere, nicht essbare Schale. Sie müssen erst gekocht werden. Ihren Ursprung haben sie vermutlich in den Subtropen Asiens und Afrikas. Rondini sind Kletterpflanzen, Zucchini entwickeln sich dagegen buschförmig.

MELONEN

Auch da gibt es viele Sorten, die botanisch gesehen unterschiedlich sind. Der Name leitet sich von dem griechischen Wort *mélo* – Apfel bzw. großer Apfel ab. Grundsätzlich wird unterschieden in Zuckermelonen und Wassermelonen.

Zuckermelone *(Cucumis melo)* Hierzu gehören die Wintermelonen wie z. B. Piel de Sapo, Tendral und Gelbe Kanarische sowie Netzmelonen und Cantaloupe-Melonen. Letztere wurden nach ihrem ersten Anbauort, der päpstlichen Residenz Cantalupo nahe Rom benannt. Charantais- und Cavaillon-Melone sind bekannte saftige Sorten aus Frankreich. Honigmelonen, besonders reife, verströmen wunderbaren Duft. Galia ist eine israelische Züchtung, die den Namen der Züchterfamilie trägt. Ebenso die saftige Ogen-Melone, eine Kreuzung von Netz- und Cantaloupe-Melone; sie wurde in einem israelischen Kibbuz gezüchtet. Die Ananas-

Die klassische Zucchini in Dunkelgrün, wie sie jeder kennt. Für die Küche gibt es auch Sorten, die anders gefärbt und geformt sind.

Jede dieser vier beliebten Zuckermelonensorten hat ihre speziellen Vorzüge und Liebhaber.

Generell sind Melonen, bedingt durch reiche Inhaltsstoffe, besonders gesund. Ihr hoher Provitamin-A-Gehalt unterstützt gute Sehkraft. Kalium und Folsäure sowie Zink in Verbindung mit Vitamin C erhöhen die Konzentration und stärken das Immunsystem. Besonders empfehlenswert sind sie auch für Gichtkranke sowie Rheumatiker. Harnsäure und überschüssige Salze werden ausgespült, dadurch reinigen sie die Nieren.

Melone, häufig oval, ist grün mit gelber Maserung. Das süße Fruchtfleisch ist sehr beliebt. Die Sorte Tendral, vorrangig aus Spanien, wird vor allem im Winter angeboten, sie ist besonders haltbar. Auch hier gibt es immer neue Versuche und Züchtungen. Botanisch gesehen sind Zuckermelonen näher mit Gurken verwandt als mit Wassermelonen. Die OECD unterscheidet Melonen in 16 Handelstypen, und zwar aufgrund von Fruchtmerkmalen. In Japan werden häufig Hybridsorten angebaut, viele in Gewächshäusern aus Glas.

Reife, möglichst auf dem Feld gereifte Früchte duften, vor allem in der Nähe des Blütenansatzes. Geben sie am Blütenansatz auf leichten Druck auch nach, sind sie gerade richtig. Sie können zwar im Haus nachreifen, ihr Geschmack bessert sich aber nur wenig. Das sollte man beim Kauf beachten. Nicht im Kühlschrank lagern, nur kurz vor dem Servieren zum Kühlen hineingeben.

Wassermelone *(Citrullus lanatus)*
Sie sind mit etwa 150 Sorten von rot, grünlich bis gelbfleischig vertreten. Man sagt, Wasser-

es besondere Züchtungen mit extra großen Samen. Seit 1951 wurden samenlose Wassermelonen erzeugt.
Die Wildform ist unter der Bezeichnung Tsamma-Melone oder Zitronenmelone bekannt. Am besten wachsen sie auf sandigen, aber fruchtbaren Böden. Ihr Standort ist sonnig und trocken. Die Samen werden in Afrika geröstet gegessen oder auch zu Mehl vermahlen. Das Öl wird in der Küche verwendet und auch der Presskuchen wird zu leckeren Gerichten verarbeitet.
In Kolumbien gibt es eine längliche lianenartige Pflanze, die *Melon colorado,* auch unter dem Namen *casabanana* bekannt.

Naras (Acanthosicyos horridus), die zur Familie der Kürbisgewächse (Cucurbitaceae) gehören, sind auch unter dem Namen Nara-Melone bekannt. Sie kommen in der Namib-Wüste in Namibia vor und sind dort eine der am weitesten verbreiteten Pflanzen. Man schätzt das Fruchtfleisch der blattlosen Sträucher und die getrockneten Samen. Die nussig schmeckenden Samen sind proteinreich und enthalten 50 bis 55 % Öl. Die Pflanze wird auch medizinisch genutzt.

melonen sind dann reif, wenn sie beim Klopfen hohl und dumpf klingen. Unreife Melonen geben kein Geräusch ab. Ein gelber Fleck auf der Schale ist kein Qualitätsmangel, da sie auf dieser Stelle auf dem Boden liegend heranwächst. Wassermelonen bestehen zu etwa 95 % aus Wasser und kommen ursprünglich aus Afrika, wo sie als Trinkwasserersatz sich größter Beliebtheit erfreuen. Selbst die Rinde wird eingelegt oder auch kandiert. Die Samen sind in Indien sehr beliebt. Gemahlen werden sie zu Brot verarbeitet. In China gibt

Mixen Sie sich doch einmal eine erfrischende „Horchata de Melon". Dazu etwa 200 g Fruchtfleisch einer Melone pürieren, mit etwas Zucker und Zitronensaft abschmecken und mit ca. 200 ml Wasser verdünnen. Kalt stellen, einige Eiswürfel einlegen und in einer großen Cocktailschale servieren.

Einen meiner Lieblingsdrinks möchte ich Ihnen auch nicht vorenthalten: Melonenfruchtfleisch, weißer Tee, frisch geriebener Ingwer, etwas Vanillemark und nach Belieben Honig, ist sowohl in der kalten als auch warmen Jahreszeit ein Genuss. In der kühleren Jahreszeit füge ich auch gern eine Messerspitze Zimt hinzu.

Schönheitspflege von außen und innen:
1. Sie können Bio-Salatgurkenscheiben auf Ihr Gesicht legen, 15 Minuten einziehen lassen und dann abnehmen. Außerdem werden die Gurken auch gern püriert, mit Quark oder Naturjoghurt vermischt und als Gesichtsmaske aufgetragen.
2. Versuchen Sie einmal morgens ein Glas Fruchtsaft aus 250 g entsaftetem Kürbisfruchtfleisch, 1 Kiwano und 1 kleinen Gurke, in kleinen Schlucken zu trinken, Sie werden sehen, wie frisch Sie sich danach fühlen. Toppen können Sie das Ganze noch mit 2 TL Kürbiskernöl. Auch Kürbisfruchtfleisch und Rettich sind eine gute Kombination oder natürlich Kürbis und Orangensaft; selbstverständlich alles frisch entsaftet.

Gurke *(Cucumis)*
Die Gurke gehört ebenfalls zur Familie der Kürbisgewächse. Laut Dr. Hanno Schäfer, Spezialist auf diesem Gebiet, wurden im Jahr 2007 52 Arten neu gegliedert. Sie ist eine Kriechpflanze, die sich mit ihren Ranken an Gerüste oder andere Pflanzen klammert. In vereinfachter Form unterscheiden wir die Freiland- und die Salatgurke. Die Freilandgurken gedeihen in Mitteleuropa prächtig. Sie sind oft kleiner und haben eine warzenförmige oder stachelige Schale, ihr Fruchtfleisch ist saftig. Sie werden gern in Essig eingelegt. Auch die beliebte Senfgurke wird aus Freilandgurken hergestellt.

Außerdem gibt es die leckere Schmorgurke, die, da sie weniger wasserreich ist, sich hervorragend für mannigfache Gerichte eignet. Die vorhandenen Bitterstoffe geben den Gerichten eine angenehme Würze.
Gewächshausgurken, Salatgurken, Schlangengurken *(Cucumis sativus)* haben ihren Ursprung wahrscheinlich in den afrikanischen Tropen oder im Himalaja. Bittergurken, Balsamgurken *(Momordica charantia)* aus Asien sind nur im frühen Stadium essbar. Reife Früchte dienen zur

Dekoration. Selten finden Sie die Hörnchengurken *(Cyclanthera pedata)* auf unseren Märkten. Sie sind aber leicht anzubauen. Sie bilden viele Ranken und sind meistens auch sehr ertragreich. Frische Salatgurken sollten sich fest anfühlen, ohne Druckstellen und intensiv grün sein. Gurken sollten gut gewaschen und möglichst ohne zu schälen verzehrt werden, da direkt unter der Schale die besten Inhaltsstoffe sind. Gurken sind sehr erfrischend, beliebt in Salaten und kalten Suppen. Da Gurken viel Wasser, dabei aber wenig Kilokalorien/kJ enthalten, sind sie ein idealer Schlankmacher.
Im Gemüsefach des Kühlschranks können sie einige Tage aufbewahrt werden, extreme Temperaturen vertragen sie nicht. Wer Glück hat, findet die sehr seltenen weißen oder gelben Gurken, gemischt mit grünen Gurken können sie eine Augenweide

sein. Besonders köstlich ist die Minigurke mit einem Gewicht von 100 bis 250 g.

Gurken sind abführend, Harn treibend und reinigend. Im Gurkensaft befinden sich Vitamine, Mineralstoffe und Enzyme, die schon unseren Großmüttern als Jungbrunnen bekannt waren.

Da Gurken das Bindegewebe festigen, können Sie sich aber auch schnell einen Drink herstellen. Dazu eine halbe Bio-Salatgurke mit Schale pürieren, den Saft von 2 Orangen und 1 kleinen Becher Naturjoghurt dazugeben, mit 1 Esslöffel gemahlenen Kürbiskernen vermischen.

Die japanische Kurigurke ist für Europäer etwas ungewohnt, da ihr Aroma an Fisch erinnert. Sie ist dunkelgrün und die Schale warzenähnlich.

Schlangengurken, auch Schlangenhaargurke *(Trichosanthes cucumerina ssp. anguine)* aus Indien, Indonesien, China, Japan, Mittelamerika und der Karibik können bis zu 2 m lang werden. Man verwendet sie zum Kochen in Suppen, aber auch in Gemüse.

Kiwano, auch Stachelmelone, Afrikanische Horngurke *(Cucumis metuliferus),* ursprünglich eine Wildgurke aus Afrika, wird mit Erfolg in unseren Breiten kultiviert. Man findet sie auch unter dem Namen Geleemelone. In reifem Zustand ist die stachelige Schale orangefarben, die gallertartigen, dunkelgrünen Samenkerne liegen in Hohlräumen. Am besten schneidet man sie auf und löffelt sie aus. Das Fruchtfleisch passt zu süßen und pikanten Gerichten. Der Saft findet gern in Drinks Verwendung. In Europa kommt sie zwischen Januar und Mai auf den Markt. Bei sachgemäßer Lagerung zwischen 10 und 18 Grad hält sie sich ziemlich lange; also bitte keinen Kühlschrank.

Einst in Afrika oder dem Himalaja beheimatet, gedeihen Salatgurken oder Schlangengurken längst in hiesigen Gewächshäusern. So gelingt die Ernte schon Ende Februar/Anfang März – dann, wenn sich des Feinschmeckers Herz nach frischem Grün sehnt.

Anbau, Ernte und Lagerung

Man kann den Samen einiger Sorten im Gartenfachhandel oder bei besonders ausgefallenen Wünschen bei Spezialzüchtern/Händlern beziehen.

Vielleicht sind Sie durch die bisherigen Darlegungen über den Kürbis, seine Herkunft und Geschichte, seine unterschiedlichen Erscheinungsarten und die vielseitige Verwendung – von Halloween bis Kochtopf – neugierig geworden. Seit meiner eher zufälligen Bekanntschaft mit den KÜRWIESTAGEN in der Steiermark wollte auch ich mehr wissen: über Anbau, Ernte und Verwertung.

In der ersten Maihälfte, je nach Witterung, besteht schon die Möglichkeit zur Aussaat im Freien. Allerdings ist es besser, das Feld mit Folie abzudecken oder die kleinen Pflänzchen im Gewächshaus vorzuziehen. Es kommt immer auf die Sorte an.

Bei Kürbissen mit einer langen Vegetationszeit ist es allemal günstiger, sie im Topf vorzuziehen, je Pflanzstelle 2 bis 3 Kerne. Nach etwa 3 Wochen, sobald sich die ersten Blätter gebildet haben, kommen die Pflanzen ins Freie. Zuvor ist eine Abhärtung von etwa 2 Tagen empfehlenswert. Die Eisheiligen mit häufigem Nachtfrost sollten immer abgewartet werden.

Begünstigt wird das Auskeimen, wenn Sie die Kürbiskerne 24 Stunden vor der Aussaat in lauwarmem Wasser einweichen. Eine Vorkultur im Gewächshaus bei etwa 20 °C ergibt selbstverständlich einen Wachstumsvorsprung. Die Kürbispflanze liebt es hell und sollte zunächst nicht zu viel begossen werden. Zu nass gehaltene Erde kann zum Faulen der Samen führen. Kürbisse benötigen genügend Platz. Der Abstand sollte bei buschförmigen und schwach rankenden Sorten etwa 1 bis 1,2 m betragen, der Platz sollte sonnig sein und einen guten kompostierten Boden haben. Mäßig rankende Pflanzen benötigen etwa 2 bis 3 qm, stark rankende 4 bis 5 qm.

Der Ölkürbis gedeiht am besten, wenn er 0,75 bis 1 qm Fläche hat.

Die Abstände variieren schon deshalb, weil rankende Sorten mehr Platz benötigen als buschige Sorten. Kürbisse sind sehr kreuzungsfreudig. Dies ist bei Speisekürbissen nicht so erwünscht, bei Zierkürbissen für Dekorationszwecke können jedoch wunderbare Ergebnisse entstehen. Reizt es Sie, an einem Wettbewerb teilzunehmen und einen Atlantic Giant zu züchten, so benötigen Sie etwa 30 qm pro Pflanze.

Da der Kürbis getrennt-geschlechtliche Blüten trägt, sollten ab dem Zeitpunkt des Blühens im Gewächshaus morgens die Türen geöffnet werden. Die Befruchtung erfolgt dann meist durch Bienen und Hummeln.

Wenn die jungen Pflanzen gut angewachsen sind, werden überschüssige Triebe entfernt. Die Früchte entwickeln sich dadurch besser. Nach etwa 5 Wochen können Sie bereits die ersten Früchte ernten. Junge, kleine Früchte sind eine Delikatesse, halten jedoch auch bei kühler Lagerung nur etwa 10 Tage. Kürbisse für den Wintervorrat sollten spät geerntet werden, auf jeden Fall vor dem ersten Frost.

Von meinen eigenen Experimenten in meinem Zimmer-Treibhaus kann ich Folgendes berichten:

Vier verschiedene Sorten Samen kamen zur Aussaat: 1. Patisson, 2. Zierkürbis, eine essbare Spezialmischung *(Cucurbita pepo)*, 3. Speisekürbis Uchiki Kuri und 4. Zucchini Soleil, F1.

Zu meiner großen Freude hat auch alles wie vorgesehen geklappt. Bei der Vorkultur an einem hellen Ort, aber nicht in praller Sonne, habe ich pro Sorte 2 bis 3 Saatkörner 2 bis 3 cm tief in einen guten humusreichen, nährstoffreichen Boden abgelegt und etwas befeuchtet. Genau wie auf den Samentütchen beschrieben, kam der erste Steckling am 7. Tag. Die weiteren folgten am 8., 9. und 12. Tag. Genau nach Vorschrift habe ich die Belüftungsklappen des Zimmertreibhauses regelmäßig geöffnet. Sobald meine Stecklinge das Dach berührten, habe ich sie in größere Töpfe umgepflanzt. Ende Mai kamen sie ins Freiland. Draußen auf dem Feld ist eine Anbaupause von etwa 2 Jahren empfehlenswert. Getreide oder Kohl sollten im Wechsel gepflanzt werden.

Beim Experimentieren mit eigenem Saatgut sollten Sie nur aus wirklich ausgereiften Kürbissen die Kerne entnehmen. Vorsichtig waschen und trocknen lassen,

Unbedingt sollten Sie die vorgezogenen Pflanzen erst nach den letzten Mai-Frösten – auch wenn die Eisheiligen nicht mehr pünktlich sind – ins Freie setzen.

Dutzende von großen Kürbissen auf dem Feld – bei der Fahrt übers Land im Herbst immer wieder schön.

12 bis 14 Tage in die Sonne legen. Die Kerne dürfen sich jedenfalls nicht mehr biegen lassen, sondern müssen richtig knackig sein. Bei richtiger Lagerung – trocken, kühl und dunkel – können sie einige Jahre keimfähig sein.

Ernte
Generell unterscheidet man zwischen Sommer- und Winterkürbissen. Sommerkürbisse werden vom Spätfrühling/Frühsommer bis zum frühen Herbst im unreifen Zustand geerntet, häufig schon nach 50 Tagen.

Dazu gehören etwa die Patissons, Crocknet und mit der größten wirtschaftlichen Bedeutung die Zucchini. Langsam, aber sicher erobern auch die Rondini den Markt, sie benötigen allerdings besonders viel Wärme. Das Fruchtfleisch der Sommersorten ist fester als das der Winterkürbisse.
Winterkürbisse haben eine härtere Schale und sind dadurch auch lange haltbar. Die Schale kann bei ihnen, außer bei den meisten Hokkaido-Sorten, nicht mit verzehrt werden.

Allgemein findet in unseren Breitengraden je nach Sorte die Ernte zwischen Ende August und Ende Oktober statt, wobei September bis Anfang Oktober die Haupterntezeit ist. Jede Sorte hat ihre eigene Farbe.
Reif ist der Kürbis, wenn er beim Abklopfen hohl klingt. Dennoch ist nasses Erntewetter nicht zu empfehlen; am besten sind der Ernte ein paar sonnige Tage vorausgegangen.
Der Stiel sollte verholzt und trocken wirken, Laub und Ranken sollten schon eingetrocknet sein.

Sorgfältiger Umgang bei der Ernte ist Voraussetzung, dass weder Beschädigungen an der Schale noch abgebrochene Stiele zu vorzeitiger Fäulnis führen. Daher vom Stiel der Kürbisse immer mindestens eine Handbreit mit abschneiden.

Lagerung von Kürbissen
Zum Langzeitlagern die Kürbisse nur von grobem Schmutz befreien. Wenn es möglich ist, sollten sie noch ein paar Tage in der Sonne trocknen und nachreifen. Die Schale verhärtet sich dadurch – eine längere Lagerzeit ist möglich. Muskatkürbisse können sich einigermaßen selbst schützen, da sie eine natürliche Wachsschicht besitzen.
Ein luftiger, kühler, dunkler, aber auf keinen Fall kalter Raum ist ideal. Bei einer Temperatur von etwa 12 bis 15 °C und genügend Abstand, am besten auf Holzsteigen, können die Exemplare bis zu einem Jahr, je nach Sorte, lagern. Häufiges Durchsehen und vorsichtiges Drehen sollte nicht vergessen werden. Ideal ist auch das Aufhängen an Decken, dann bekommen die Früchte von allen Seiten Luft.
Zum Einlagern eignen sich nur Winterkürbisse.

Herbstzeit ist Kürbiszeit. Bei richtiger Lagerung können Sie die preiswerten gesunden Köstlichkeiten bis Weihnachten oder noch etwas länger genießen. Mit tiefgefrorenem Kürbisfruchtfleisch in Stücken oder als Püree umgeht man die Frage der Lagerung. Wie das geht, steht auf Seite 26.

Kürbis & Kürbiskerne – so gesund!

Bei Krampfadern und müden Beinen kann rohes frisch geraffeltes Kürbisfruchtfleisch, als Wickel aufgelegt, Linderung verschaffen.
Bedingt durch die im Kürbiskernöl enthaltene Linolsäure hilft das Kürbiskernöl bei rissigen Händen und Füßen.
Frisch geriebener oder in kleine Stücke geschnittener Ingwer und Kürbiskerne zusammen aufgekocht, 8 bis 10 Minuten ziehen gelassen, stärkt das Immunsystem und entwässert gleichzeitig.

Kürbis mit Fruchtfleisch und Kernen ist seiner Inhaltsstoffe wegen (z. B. Carotinoide, die Vorstufen des Vitamins A, auch B1, B2, B3, B5, B6, C und E, Thiamin, Riboflavin, Selen, Niacin, Pyrodoxin, Folsäure, Kalium, Calcium, Natrium, Magnesium, Phosphor, Zink und Eisen, Protein und Öl) in der Früchtewertskala fast unschlagbar. Er zählt zu den besten Mineralstoffspendern, da die Samen mitgegessen werden. Zudem hat Kürbisfruchtfleisch einen hohen Wasser- und Ballaststoffanteil. Pro 100 g Fruchtfleisch ergeben sich gerade eben etwa 25 kcal, also rund 100 kJoule – ein idealer Schlankmacher. Kürbis wirkt leicht entwässernd und damit positiv auf Bluthochdruck. Die antioxidativen Inhaltsstoffe unterstützen die Abwehrkräfte und wehren freie Radikale ab.

Kürbiskerne sind nicht nur zum Knabbern da, sondern bereichern viele Salate, Brotaufstriche, Backwaren. Das einzigartige Kernöl gibt vielen Gerichten einen unvergleichlichen Geschmack. Selbst Rückstände, wie der Presskuchen, sind im Müsli eine willkommene Abwechslung, bereichern Backwaren und dienen als nahrhaftes Viehfutter. Kürbiskerne gelten in der Volksmedizin bei stillenden Frauen als Mittel, die Milchbildung zu erhöhen. Außerdem werden sie von der pharmazeutischen Industrie und im Wellnessbereich hoch geschätzt. Bei Prostata- und auf weiblicher Seite korrespondierenden Beschwerden sind Kürbiskerne das am häufigsten empfohlene natürliche Heilmittel. Keine Seniorenheim-Selbstbedienungstheke ohne ein Schüsselchen mit Kürbiskernen. Beim Zugreifen von eventuellen „Rivalinnen" beobachtet, versichern Sie einfach, schon immer eine Schwäche für die knackigen und schmackhaften Kerne gehabt zu haben.
Vielleicht haben Sie Lust, Kürbiskerne zu rösten – so wie rechts?

Geröstete Kürbiskerne mit Rosmarin, der Heilpflanze des Jahres 2011

1–2 Zweige getrocknete Rosmarinnadeln
2–3 TL Salz
1 Eiweiß von einem kleinen Ei
250 g Kürbiskerne

Den Backofen auf 200 °C Umluft vorheizen. Die Rosmarinnadeln hacken. Mit Salz, Eiweiß und Kürbiskernen mischen und auf ein mit Backpapier ausgelegtes Backblech geben. Im Backofen, 2. Schiene von unten, etwa 8 Minuten rösten.

Pikante Kerne und Nüsse, geröstet

100 g Kürbiskerne
je 75 g Macadamia- und Erdnüsse
(evtl. schon gehackt und vakuumverpackt)
1 TL gem. Kreuzkümmel
½ TL Cayennepfeffer
3 EL Sojasauce
1 Knoblauchzehe

Kürbiskerne, Macadamianüsse und Erdnüsse hacken und in eine Schüssel geben. Mit Kreuzkümmel und Cayennepfeffer würzen und mit Sojasauce beträufeln. Abgedeckt 15 Minuten durchziehen lassen. Die Knoblauchzehe abziehen. Den Backofen auf 150 °C Ober- und Unterhitze vorheizen. Ein Backblech mit Backpapier auslegen. Die Mischung darauf verteilen, die Knoblauchzehe dazu legen. Im Ofen, 2. Schiene von unten, etwa 15 Minuten rösten.

Geröstete Kürbiskerne mit Goji-Beeren

100 g Kürbiskerne
100 g Goji-Beeren
70 g Zucker

Kürbiskerne und Goji-Beeren in eine beschichtete trockene Pfanne geben und leicht anrösten. Mit Zucker bestreuen, bis dieser karamellisiert. Herausnehmen und abkühlen lassen.
Zum Knabbern und über pikante oder süße Salate streuen.

Für eine weitere schmackhafte **Variante** kann man gemahlene Kürbiskerne in Olivenöl und Butter bei mittlerer Hitze leicht rösten. Mit Bio-Zitronenschale, Salz, Pfeffer sowie Chiliöl würzen und auf Suppen streuen. Eine einfache Kartoffel- oder Pastinakensuppe erhält dadurch die perfekte Ergänzung. Die Gewürze lassen sich beliebig abwandeln, zum Beispiel mit Kreuzkümmel, Kurkuma oder Curry.

*Nachdem Sie dekorative Blüten eventuell frittiert, gefüllt oder pur im Salat verwendet haben, ist in recht kurzer Zeit solch ein Prachtstück gediehen. Damit Sie davon länger etwas haben, ein Tipp zur Vorratshaltung:
Alles Püree, was nicht sofort verbraucht wurde, kommt ausgekühlt in Tiefkühlbehälter. Auch in Würfel geschnitten und in Beutel verpackt, eignen sich die meisten Sorten zum Tiefkühlen, vorrangig die festfleischigen Sorten. Nach dem Auftauen verkürzt sich die Kochzeit.*

Zubereitung von Kürbispüree
Den gewaschenen Kürbis zunächst mit einem scharfen, großen Messer oder auch einem kleinen Beil, je nach Größe des Kürbis', halbieren. Die Kerne mit einem großen Löffel herausnehmen. Den Kürbis vierteln oder in Spalten schneiden. Für die **Backofen**-Methode den Kürbis in eine feuerfeste Form geben. Etwa 2 cm hoch Wasser, Brühe oder Milch hineingießen. Mit Alufolie abdecken und im vorgeheizten Backofen bei 180 bis 190 °C, 2. Schiene von unten, garen; je nach Art oder Größe des Kürbis' 30 bis 60 Minuten. Mit einem Metallspieß (Rouladennadel oder Grillspieß) die Garprobe machen. Kleine Kürbisse, besonders der beliebte Hokkaido, können auch im Ganzen in eine Form, zum Beispiel eine hohe Souffléform gelegt werden.
Nach Belieben Gewürze oder Kräuter in die Flüssigkeit geben. Man kann auch die Kürbisstücke in Alufolie wickeln und auf ein Backblech legen oder je nach Weiterverarbeitung mit etwas Olivenöl beträufeln und uneingewickelt mit der Schnittfläche auf ein mit Alufolie oder Backpapier belegtes Backblech, mittlere Schiene, legen und bei Ober- und Unterhitze 190 bis 200 °C garen.
Zum **Dämpfen** das Kürbisfruchtfleisch in das Sieb eines Dampftopfes geben und über Wasserdampf garen. Dem Wasser können Gewürze, Kräuter, Wein oder Cidre zugefügt werden.
Zum **Kochen** das Fruchtfleisch in Stücke schneiden und mit wenig Wasser oder einer anderen Flüssigkeit in einen Topf geben. Bei mäßiger Temperatur kochen. Das Kochwasser möglichst auch verwenden.

Vom grünen Gold

Steirisches Kürbiskernöl, der Star unter den Ölen

Für die Herstellung des echten steirischen Kürbiskernöls wird der Steirische Ölkürbis seit über 100 Jahren in der Steiermark angebaut. Der Ölkürbis – *Cucurbita pepo var. styriaca* – mit seinen schalenlos wachsenden Kernen ist das Markenzeichen der südlichen Steiermark. Er enthält weniger Fruchtfleisch, dafür aber die begehrten und ergiebigen Ölkerne. Das edle Produkt hat eine dickflüssige Konsistenz und besticht durch eine wunderbare grüne Farbe.

Zunächst werden die Kerne gewaschen, getrocknet, fein gemahlen, etwas gesalzen und mit Wasser zu einem Brei vermischt. Diese Knetmasse, das sogenannte „Kack" wird in eine Röstpfanne gegeben und unter häufigem Rühren leicht geröstet.

Dass der Röstvorgang gelingt, ist im Ablauf der Produktion mit am wichtigsten. Durch die Wärme, etwa 60 °C, trennt sich das Öl vom Eiweiß, das typische Aroma entsteht. Dazu gehört sehr viel Können und Fingerspitzengefühl. Hier entscheidet sich, welche Farbe und welchen Geschmack das fertige Öl haben wird. Nachdem sämtliches Wasser verdunstet ist, wird die Masse umgefüllt und das Kernöl schonend ohne Hitzeeinwirkung gepresst. Früher wurde die Masse in einer Holzpressvorrichtung, nämlich der „Steirischen Ölkuh" mit einem Holzhammer ausgeschlagen. Der übrig gebliebene Ölkuchen ist ein hochwertiger Eiweißlieferant und kann in Backwaren, im Müsli usw. Verwendung finden. Er wird vor allem an kalbende Kühe verfüttert.

In der südlichen Steiermark, dem wichtigsten Anbaugebiet des Steirischen Ölkürbis', können die zahlreichen Besucher an manchen Stellen zuschauen, wie in alten Zeiten das wertvolle Öl in der Holzpressvorrichtung, der „Steirischen Ölkuh", mit schierer Muskelkraft gewonnen wurde.

Kürbiskernöl-Flecken
Haben Sie aus Versehen Ihre teure Bluse oder Krawatte mit Kürbiskernöl bekleckert, so legen Sie diese in die Sonne, die Flecken verschwinden. Sollten dennoch Reste verbleiben, so hilft Gallseife oder etwas mit Wasser verdünntes Spülmittel.
Nach all' dem Guten, das wir über den Kürbis berichtet haben, hätte es auch nicht ins Bild gepasst, wenn wir Sie vor seinen Flecken hätten warnen müssen. Noch nicht einmal das; sein Image bleibt fleckenfrei.

Kürbiskernöl wird nicht filtriert. Trübstoffe setzen sich ab. Nach einigen Ruhetagen wird es dann in dunkle Flaschen abgefüllt und etikettiert. Es enthält keine Zusatzstoffe.

Da ich das Glück hatte, Ernte und Produktion mitzuerleben, konnte ich das warme, grüne Gold sofort probieren. Es gibt Genüsse, die man nicht wieder vergisst – dieser lässt sich beliebig oft wiederholen.

Das dunkelgrüne steirische Kürbiskernöl mit der Banderole g.g.A. – das bedeutet geschützte geografische Angabe – ist seit 1995 durch die EU geschützt. Es sichert die Herkunft der Kürbiskerne aus einem geografisch definierten Gebiet. Die Pressung erfolgt nur in der südlichen Steiermark, im südlichen Burgenland und in Teilen von Niederösterreich. Es wird in steirischen Ölmühlen hergestellt und ist zu 100 % reines Kürbiskernöl aus der ersten Pressung. Ferner sind die Erzeugeranschrift, die Füllmenge und das Abfülldatum angegeben. Das echte naturbelassene Öl sollte lichtgeschützt, trocken, verschlossen und kühl, bei etwa 9 bis 16 °C am besten in dunklen Flaschen gelagert werden. Die Haltbarkeit beträgt üblicherweise 9 Monate. Bei Temperaturen unter 10 °C ist

---

Nicht nur in der Küche wird das Öl mit dem intensiv nussigen Geschmack geschätzt, sondern auch in der Medizin und zur Hautpflege.

- Bei **Problemen mit Prostata** sowie **Blase** oder **Harnwegen** kann der regelmäßige Verzehr von steirischen Kürbiskernen Besserung bringen. Wissenschaftlich nachgewiesen ist, dass Kürbiskerne bei Reizblase und gutartiger Vergrößerung der Prostata in den ersten beiden Stadien Linderung verschaffen.
- Kürbiskerne und Kürbiskernöl wirken außerdem **harntreibend, krampflösend** und **entzündungshemmend,** durch entsprechende Studien konnte dies eindeutig nachgewiesen werden. Zum Vorbeugen können Sie z. B. 1 oder 2 Esslöffel Kürbiskerne aufs Müsli streuen, zerkaut mit Wasser einnehmen, auf Salate streuen oder als leckere Knabberei über den Tag verteilt essen.
- Bei **Müdigkeit, Nervosität** und zur **Entspannung** geben Sie einfach 3 bis 4 Esslöffel steirisches Kürbiskernöl in Ihr Badewasser, es wirkt wahre Wunder.
- **Rissige oder trockene Haut** kann mit einer Mischung aus je zur Hälfte steirischem Kürbiskernöl und Olivenöl behandelt werden.
- **Muskelverspannungen, Kopf- und Rückenschmerzen,** sogar **rheumatische Beschwerden, Muskelkater und auch Hexenschüsse** werden optimal mit einer Mischung aus Kürbiskernöl, Olivenöl und Distelöl, eventuell noch mit einigen Kräuterauszügen sorgfältig vermischt, als Massageöl behandelt.
- Eine Aminosäure, das *Cucurbitin,* das im Kürbiskernöl enthalten ist, kann unter anderem auch gegen Band- und Spulwürmer eingesetzt werden.

die Lagerfähigkeit länger – ohne Qualitätseinbuße. Es ist natürlich ratsam, Öle von allerbester Qualität zu verwenden.

Kürbiskernöl, vermischt mit anderen Ölen, wie zum Beispiel Sonnenblumen-, Raps-, Soja- oder Erdnussöl, wird gewöhnlich als „Salatöl" verkauft. Der anteilige Prozentsatz des Kürbiskernöls muss deklariert werden.

Nicht nur das Öl ist gesund und wertvoll, die Kerne sind ebenso begehrt und nicht zuletzt der gepresste Ölkuchen, ein hochwertiger Eiweißlieferant. Sie können ihn als Zutat im Müsli oder zum Backen verwenden.

Autorin und Verlag wünschen sich und Ihnen nun: Genießen Sie die vielfältige und gesunde Kürbis-Küche!

Heute wird das Kürbiskernöl maschinell, aber schonend aus dem sogenannten „Kack", dem zermahlenen Kernbrei (kleines Bild rechts) gewonnen. Was zum Schluss nach dem Pressen übrig bleibt ist der Ölkuchen, eine hochwertige eiweißreiche Zutat für unsere Küche und wichtige Nahrung für kalbende Kühe.

Salate, Brotaufstriche, Vorspeisen und kleine Gerichte

Salatplatte „Kürbis" mit Kürbis-Sabayon

½ Hokkaido, etwa 500 g
200 g Butternut-Kürbis
40 g Kürbiskerne aus der Steiermark
60 g Butter, Salz
300 ml Gemüsebrühe
4 Sternanise
1 rote Zwiebel
75 g Bauchspeck
2 EL Olivenöl
3 EL roter Balsamico-Essig
schwarzer Pfeffer
2 kl. Zucchini
1 Msp. Thymian
etwa 200 g Wassermelone
½ Honig-Melone
½ Cantaloupe-Melone
½ Salatgurke
100 g Schmant
einige Dillzweige

Für den Kürbis-Sabayon:
50 ml Gemüsebrühe
3 Eigelbe
2 Msp. Salz
2–3 EL Crème fraîche
2 EL Kürbiskernöl
1 Msp. Muskatnuss

Zum Anrichten:
1½ EL Kürbiskerne
1–2 Zweige Thymian
1–1½ EL gemahlene Kürbiskerne
160 g gek. Putenbrust, Wildschinken oder Rindersaftschinken

Zubereitungszeit:
35 Minuten
Garzeit:
etwa 45 Minuten

Den Backofen auf 185 °C Ober- und Unterhitze vorheizen. Den Hokkaido waschen und ungeschält halbieren. Kerne und Fasern mit einem Löffel herauskratzen. Den Butternut-Kürbis entkernen und schälen. Beide Kürbisarten in eine tiefe Auflaufschale legen. Die Kürbiskerne hacken, mit der Butter verkneten und salzen. Die Kürbiskernbutter darauf verteilen, die Gemüsebrühe angießen, Sternanise zufügen und die Form mit Alufolie abdecken.
Im Backofen, 2. Schiene von unten, etwa 45 Minuten garen, bis die Kürbisse weich, aber noch bissfest sind. Von dem Hokkaido etwa 100 g abnehmen und für den Sabayon beiseite legen.
Die Zwiebel abziehen und fein würfeln. Den Bauchspeck in kleine Stücke schneiden. Olivenöl in einer Pfanne erhitzen. Zwiebel und Bauchspeck darin unter Rühren braten. Mit Balsamico-Essig ablöschen, wenig salzen und pfeffern, vom Herd nehmen, erkalten lassen.
Inzwischen die Zucchini waschen, in Stifte schneiden, in den Dampfeinsatz eines Topfes geben und 1 Minute dämpfen. Mit Thymian, Salz und Pfeffer würzen, herausnehmen und abkühlen lassen. Die Melonen schälen und entkernen. Mit einem Kugelausstecher kleine Kugeln aus der Frucht lösen, kühl stellen. Die Gurke waschen, dünn schneiden. Schmant salzen und pfeffern. Dill hacken und unterrühren. Beide Kürbisarten aus dem Ofen nehmen, etwas erkalten lassen, in etwa 2-cm-Würfel schneiden und bereitstellen.

Nun den **Kürbis-Sabayon** herstellen. Dazu die beiseite gelegten 100 g Kürbis mit Gemüsebrühe pürieren. Eigelb im warmen Wasserbad aufschlagen. Kürbispüree und Salz zufügen, kurz weiterschlagen, Crème fraîche einrühren. Die Masse teilen. In die eine Hälfte Kürbiskernöl gießen, noch etwas weiterschlagen, vom Herd nehmen. Die zweite Hälfte mit wenig Muskatnuss würzen.
Die Kürbiswürfel gefällig anrichten, mit Zwiebel, Bauchspeck und Kürbiskernen bestreuen. Zucchinistifte daneben mit Thymianblättchen garnieren. Melonenkugeln auflegen, mit den Kürbiskernen bestreuen; dann die Gurkenscheiben anrichten mit etwas Dill-Schmant darüber. Mit dem Fleisch garnieren. Sofort auftragen und beide Kürbis-Sabayone extra dazu reichen.

"Nur" aufs Brot –
Nummer eins und zwei

STEIRISCHER
BROTAUFSTRICH
40 g Kürbiskerne
1 kleine rote Chilischote
250 g Topfen, mager oder
20 % Fettgeh. (Quark)
2 EL Sahne oder Milch
Salz
2 EL steirisches
Kürbiskernöl

Zubereitungszeit:
5 Minuten
Garzeit:
etwa 3 Minuten

KÜRBISKERNÖL-
AUFSTRICH NACH BAD
GAMSER ART
100 g Butter
1 kleine Zwiebel
1 Knoblauchzehe
250 g Topfen (Quark)
2 EL steirisches
Kürbiskernöl
Salz
frisch gem. schwarzer
Pfeffer
2 EL Kürbiskerne
½ TL Cayennepfeffer

Zubereitungszeit:
10 Minuten

STEIRISCHER BROTAUFSTRICH
Die Kürbiskerne in einer trockenen Pfanne leicht rösten und ⅔ davon hacken. Die Chilischote aufschneiden, entkernen und sehr klein schneiden. Beides mit Topfen und Sahne verrühren. Mit Salz gut abschmecken. In ein Schälchen geben und mit Kürbiskernöl beträufeln. Zu Landbrot servieren!

*D*ie Chilischote verleiht dem Brotaufstrich eine feurige Note. Mögen Sie das nicht, so verwenden Sie stattdessen eine kleine milde Gemüsepaprika.

KÜRBISKERNÖLAUFSTRICH
NACH BAD GAMSER ART
Die Butter aus dem Kühlschrank nehmen und weich werden lassen.
Die Zwiebel und die Knoblauchzehe abziehen. Die Zwiebel fein würfeln und die Knoblauchzehe zerdrücken. Topfen, Butter, steirisches Kürbiskernöl, Zwiebel und Knoblauch verrühren. Mit Salz und Pfeffer würzen.
In eine Schale füllen und mit Kürbiskernen und Cayennepfeffer bestreut servieren.

Salate, Brotaufstriche, Vorspeisen und kleine Gerichte

„Nur" aufs Brot – Nummer drei und vier

KÜRBISKERNAUFSTRICH AUF MEINE ART
1 Schalotte
10–12 schwarze Oliven, wie Kalamata (Kalamon), Cerignola oder Picholine
½ TL Safranfäden
4 Radieschen
1 reife Avocado
60 g grob gemahlene Kürbiskerne
1 TL Vanillezucker
etwa 3 EL Olivenöl
2–3 EL Kürbiskernöl
Salz
frisch gem. schwarzer Pfeffer

Zubereitungszeit:
15 Minuten

FRISCHKÄSE MIT MEERRETTICH
2 Eier
200 g Frischkäse
3–4 EL Kürbiskernöl
1 EL Meerrettich, frisch gerieben oder aus dem Glas
Salz
frisch gem. schwarzer Pfeffer
1 Kästchen Rettich-Sprossen
1½ EL gem. Kürbiskerne

Zubereitungszeit:
6 Minuten
Garzeit:
8–10 Minuten

KÜRBISKERNAUFSTRICH AUF MEINE ART
Die Schalotte abziehen und fein hacken. Die Oliven entsteinen und in winzige Stücke schneiden. Safranfäden in 3 Esslöffel Wasser auflösen. Die Radieschen waschen und sehr klein schneiden. Die Avocado halbieren, schälen und das Fruchtfleisch zerdrücken. Schalotten, Oliven, Kürbiskerne, aufgelöste Safranfäden, Vanillezucker, Radieschen, Avocado, Olivenöl und Kürbiskernöl verrühren, salzen und pfeffern. Mit Baguette, Landbrot oder Schwarzbrot auftragen.

Tipp:
Sollten Sie in der Steiermark in den Ölmühlen Pressrückstände von Kürbiskernen bekommen, so fügen Sie noch 2–3 TL davon hinzu.

FRISCHKÄSE MIT MEERRETTICH
Die Eier hart kochen und abschrecken. Das Eigelb herausnehmen und mit Frischkäse, Kürbiskernöl und Meerrettich verrühren. Mit Salz und Pfeffer würzen.
Die Rettich-Sprossen leicht abbrausen, trocken schütteln und entweder auf vier Portionsschälchen oder in einer großen Schale als Kranz anordnen. Das Eiweiß hacken und hineingeben. Den angemachten Frischkäse gefällig darauf geben, eventuell spritzen. Mit gemahlenen Kürbiskernen bestreuen.

Salate, Brotaufstriche, Vorspeisen und kleine Gerichte

PRÄCHTIGE PESTI

KÜRBISKERN-PESTO
60 g Basilikum
80 g Kürbiskerne
nach Belieben 1 Knoblauchzehe
4 EL mildes Olivenöl
2 EL Kürbiskernöl
Salz
wenig schwarzer Pfeffer

Zubereitungszeit:
10 Minuten

TOMATEN-KÜRBIS-PESTO
UND KÜRBIS-KÄSE-DIP
Für Tomaten-Kürbis-Pesto:
500 g Kürbisfruchtfleisch
350 ml Gemüsebrühe
20 g Butter, Salz
1 Knoblauchzehe
1 kl. Schalotte
12 Kräcker oder
Teigschalen
60 g getrocknete Tomaten
6 EL Olivenöl
schwarzer Pfeffer
½ TL Kräuter der
Provence

Für Kürbis-Käse-Dip:
150 g Ziegenfrischkäse
Salz
frisch gem. weißer Pfeffer
½ TL Currypulver
2–3 TL gem. oder
gehackte Kürbiskerne

Zubereitungszeit:
30 Minuten
Garzeit:
etwa 50 Minuten

KÜRBISKERN-PESTO
Basilikum waschen, die Blättchen von den Stielen zupfen und trocken tupfen. Zusammen mit Kürbiskernen, Knoblauch und Olivenöl pürieren. Das Kürbiskernöl zufügen. Mit Salz und Pfeffer würzen.
Diesen Pesto können Sie als Brotaufstrich, in Salaten, zu gebackenem Kürbis oder zu Pasta servieren. Abgedeckt im Kühlschrank hält er sich gut eine Woche.

TOMATEN-KÜRBIS-PESTO
UND KÜRBIS-KÄSE-DIP
Den Backofen auf 185 °C vorheizen. Das Kürbisfruchtfleisch halbieren oder vierteln und in eine Auflaufform geben. Mit der Gemüsebrühe übergießen, die Butter zufügen, salzen und mit Alufolie abdecken. In den Backofen, mittlere Schiene für etwa 50 Minuten geben, bis der Kürbis weich ist.
Inzwischen die Knoblauchzehe abziehen. Die Schalotte abziehen und hacken.
Kräcker oder kleine Teigschalen bereitlegen.
Den Kürbis herausnehmen, etwas erkalten lassen und die Hälfte der Kürbismasse zusammen mit den getrockneten Tomaten, Knoblauchzehe, Schalotte und Olivenöl pürieren. Mit Salz, Pfeffer und Kräutern der Provence würzen. Bei Bedarf etwas Garflüssigkeit des Kürbis' zufügen.
Die Masse in einen Spritzbeutel geben und auf die Kräcker oder in die Teigschalen spritzen.
Von der zweiten Hälfte der Kürbismasse ⅓ abnehmen und in sehr kleine Würfel schneiden. Den restlichen Kürbis zusammen mit Frischkäse pürieren. Mit Salz, Pfeffer und Curry gut würzen. Die Kürbisstücke unterziehen. Mit gemahlenen Kürbiskernen bestreuen. In Dip-Schälchen geben und zusammen mit gerösteten Flûtescheiben servieren.

*B*ilder in Worte umzusetzen, versucht jede Sprache immer wieder. In Frankreich heißen die dünnen, langen – und sehr knusprigen – Baguettes daher flûtes, wörtlich „Flöten".

KÜRBIS-KÄSE

2 Kartoffeln
60 g Butter
200 g Kürbisfruchtfleisch wie Muscade de Provence, Trompeta, Futsu black rinded
½ kleine Stange Lauch
1 Schalotte
1 Knoblauchzehe
etwa 8 schöne Blätter vom Radicchio di Treviso
2 EL Olivenöl
50 ml Gemüsebrühe
1 EL weißer Balsamico-Essig
100 g Frischkäse
Salz
frisch gem. schwarzer Pfeffer
2–3 Msp. Kurkuma
1 Msp. Cayennepfeffer
1½ TL Kürbiskernöl
1½–2 EL Kürbiskerne

Zubereitungszeit:
15 Minuten
Garzeit:
etwa 30 Minuten

Die Kartoffeln waschen und in der Schale in etwa 25 Minuten weich kochen, pellen und durch die Kartoffelpresse drücken. 40 g Butter unterrühren. Inzwischen das Kürbisfleisch würfeln. Den Lauch waschen und in Scheiben schneiden. Die Schalotte und die Knoblauchzehe abziehen, beides würfeln. Die Radicchioblätter waschen und trocken tupfen.
Das Olivenöl in einem Topf erhitzen. Die restliche Butter zufügen und das Kürbisfleisch mit dem Lauch darin andünsten. Die Schalotte und die Knoblauchzehe zufügen und weiterdünsten. Die Brühe und den Balsamico-Essig zugeben und noch etwa 12 Minuten bei geringer Hitze abgedeckt garen, dann pürieren und mit der Kartoffelmasse und dem Frischkäse vermischen. Mit Salz, Pfeffer, Kurkuma und Cayennepfeffer würzen und den Kürbis-Käse auf die Radicchioblätter spritzen.
Mit Kürbiskernöl beträufeln. Die Kürbiskerne hacken und darüber streuen.

Wenn Sie die Kürbissorte „Muscade de Provence", die ebenso unter dem Namen „Musquée de Provence" angeboten wird, verwenden, können Sie die Hälfte des Fruchtfleisches auch roh zu der gegarten Masse geben.
Ich bevorzuge ein Olivenöl aus der Provence, etwa das der Sorten Grossane oder Picholine.

Gefüllte Zucchiniröllchen

Die Zucchiniröllchen sind eine meiner Lieblingsvorspeisen, wenn ich Gäste habe, gerade weil sie schnell zubereitet sind.
Versuchen Sie einmal anstelle des Meerrettichs Kräuter der Mittelmeerküche wie frischen Oregano, Thymian oder Basilikum zu nehmen. Fein abgeschmeckt mit Curry- oder Paprikapulver sind sie immer wieder ein Geschmackserlebnis.
Bevorzugen Sie beim Kauf die kleinen Früchte, sie schmecken am besten, größere sind häufig schwammig.

Für etwa 10 Röllchen

2 Zucchini, je etwa 150 g
Salz
frisch gem. schwarzer Pfeffer
150 g Frischkäse
2 TL Meerrettich (Glas), alternativ Frischkäse mit Meerrettich kaufen

Zubereitungszeit:
25 Minuten
Garzeit:
1–2 Minuten

Tipp:
Sollten Sie keinen Topf mit Dampfeinsatz zur Verfügung haben, so können Sie die Zucchinischeiben auch blanchieren, das heißt in siedendes Wasser geben und dann in kaltem Wasser abschrecken.

Die Zucchini waschen und ungeschält mit einem Gemüseschäler oder -hobel längs in dünne Scheiben schneiden.
Die Zucchinischeiben in einen Topf mit Dampfeinsatz geben und für 1 bis 2 Minuten dämpfen. Vorsichtig herausnehmen, mit Salz und Pfeffer würzen und erkalten lassen.
Den Frischkäse mit Meerrettich verrühren und in die Zucchinischeiben wickeln. Mit Zahnstochern fest stecken oder noch besser so rollen, dass sie auf Gourmet-Löffel platziert werden können. Eventuell, je nach Länge der Zucchinischeiben, auch quer halbieren.

ZUCCHINITÖRTCHEN MIT FORELLENKAVIAR

Für 8 Minitörtchen

250 g Zucchini
125 g Ricotta
40 g Butter
1 ½ EL Kürbiskernöl
Salz
frisch gem. schwarzer Pfeffer
½ TL Thymian
3 Blatt weiße Gelatine
3 EL Milch oder Sahne
50 g Forellenkaviar

Öl zum Ausstreichen der Förmchen

Zubereitungszeit:
10 Minuten
Garzeit:
5 Minuten
Kühlzeit:
3 Stunden

Tipp:
In Papierförmchen sind diese kleinen Happen zum Aperitif geeignet oder als festliche Vorspeise bei einem Menü. Auch zum Brunch kann dies eine willkommene Abwechslung bedeuten.

Die Zucchini waschen und klein schneiden. Wasser in einem Topf mit Dampfeinsatz zum Kochen bringen. Die Zucchini in den Einsatz geben und 5 Minuten über Dampf garen. Vom Herd nehmen, pürieren, Ricotta, Butter sowie Kürbiskernöl einrühren. Mit Salz, Pfeffer und Thymian würzen. Die Gelatine 5 Minuten in kaltem Wasser einweichen, ausdrücken und in Milch oder Sahne auflösen. Etwas vom Zucchinipüree zufügen, dann alles miteinander vermischen.
Kleine Förmchen, eventuell Mini-Muffinförmchen mit Öl ausstreichen und Klarsichtfolie auslegen. Die Zucchinimasse einfüllen und in den Kühlschrank stellen.
Nach dem Festwerden stürzen, mit Forellenkaviar und Basilikumblättchen garnieren.

Forellenkaviar wird aus dem weiblichen Rogen der Meerwasser-Lachsforellen gewonnen. Guter Lachskaviar kann über Erlenrauch geräuchert, leicht gesalzen und schonend pasteurisiert werden.
Dazu mundet ein Riesling oder Weißburgunder, feinherb.

Kleiner Butternut-Champignon-Salat

400 g Kürbisfruchtfleisch vom Butternut
1 Schalotte
200 g Champignons
6 Cocktail-Tomaten oder 2 große sonnengereifte
einige gemischte Salatblätter wie Rauke, Friseé usw.
½ Bd. Minze
2–3 EL Olivenöl
20 g Butter
Salz
frisch gem. schwarzer Pfeffer
weißer Balsamico-Essig

*Zubereitungszeit:
15 Minuten
Garzeit:
etwa 12 Minuten*

Das Kürbisfleisch in kleine Stücke schneiden. Die Schalotte abziehen und würfeln. Die Champignons putzen und in Scheiben schneiden. Die Tomaten waschen und halbieren oder klein schneiden. Die Salatblätter und die Minze waschen und trocken schleudern. Die Minze hacken, etwas für die Garnitur zurückbehalten.
Das Öl in einer Pfanne erhitzen und die Butter zufügen. Das Kürbisfruchtfleisch mit den Schalotten in die Pfanne geben. Nach einigen Minuten die Champignons zufügen, weitere 5 Minuten braten. Mit Salz und Pfeffer gut würzen. Vom Herd nehmen und erkalten lassen. Die Minze unterrühren und mit Essig abschmecken.
Die Salatblätter mit Kürbis und Champignons gefällig auf Tellern anrichten, die Cocktailtomaten dazu legen und mit Minzeblättchen garnieren.

*A*nstelle des Butternut können Sie auch eine andere nussige Kürbissorte verwenden. Diese beliebte Vorspeise ist schnell zubereitet und schmückt jedes Partybüfett. Butternut-Kürbisse sind vielseitig einsetzbar. Sie eignen sich zum Braten, Dünsten und Backen. In Salaten sind sie auch roh eine willkommene Abwechslung, besonders wenn man sie gut durchziehen lässt.

Raita mit Gurke und Garnele

Für 6 Portionen

¾ TL Korianderkörner
¾ TL Kreuzkümmelkörner
½ TL schwarze Pfefferkörner
½–1 Salatgurke
1 Frühlingszwiebel
1 Tomate
½ kl. grüne Chilischote
4 Zweige Minze
500 g Naturjoghurt
1 Curryblatt
1½ EL Olivenöl
6 große Garnelen, küchenfertig
2–3 Msp. Cayennepfeffer

Zubereitungszeit:
30 Minuten
Röstzeit:
etwa 2 Minuten

Koriander-, Kreuzkümmel- und Pfefferkörner in eine ungefettete Pfanne geben und unter Rühren leicht rösten. Vorsicht, dass sie nicht verbrennen! Die Gewürze abkühlen lassen und im Mörser zerstoßen.
Die Salatgurke waschen und hacken. Die Frühlingszwiebel waschen und sehr klein schneiden.
Die Tomate über Kreuz einritzen, in kochendes Wasser geben, abschrecken, den Stielansatz entfernen, häuten und hacken. Die Chilischote aufschneiden, entkernen, von Zwischenwänden befreien und sehr klein schneiden. Die Minze waschen, die Blättchen von den Stielen zupfen und hacken, einige kleine Blättchen für die Garnitur zurückbehalten.

Joghurt mit allen bisher genannten Zutaten verrühren, das Curryblatt hineinlegen und im Kühlschrank etwas durchziehen lassen.
Inzwischen Olivenöl in einer Pfanne erhitzen und die Garnelen 2 Minuten auf jeder Seite braten. Das Curryblatt entfernen. Raita in Gläser füllen, mit Cayennepfeffer bestreuen und Minzeblättchen garnieren. Die Garnelen auf 6 Zahnstocher oder Spieße stecken und auf dem Glas liegend servieren.

Variante:
Alternativ gemahlene Gewürze verwenden und leicht rösten. Dabei muss besonders aufgepasst werden, dass die Gewürze nicht verbrennen und bitter schmecken.

Die meisten Vitamine befinden sich unter der Schale der Gurke. Empfehlenswert sind Bio-Gurken, die nicht geschält werden müssen.
Bei einem indischen Menü darf eine Raita nicht fehlen. Der Naturjoghurt mit Gewürzen und wie hier mit Gurken zubereitet, trägt bei dem heißen Klima zur Erfrischung bei.

Käferbohnen-Salat mit Kürbiskernöl

Bohnen und Kürbis vermischen, Essig-Kürbiskernsud darüber gießen und abschmecken. Mit der Frühlingszwiebel bestreuen und etwas durchziehen lassen.

Die Käferbohne, eine steirische Spezialität, wird vornehmlich östlich der Mur kultiviert. Bei sorgfältiger Lagerung steht sie ganzjährig zur Verfügung. Besonders mit Kürbis und steirischem Kürbiskernöl ist sie eine wahre Delikatesse.

300 g Käferbohnen
300 g Kürbisfruchtfleisch
250 ml Gemüsebrühe
1 Frühlingszwiebel
2 EL Apfel- oder Weinessig
3 EL Kürbiskernöl
Salz
frisch gem. schwarzer Pfeffer

Zubereitungszeit:
15 Minuten
Garzeit:
75–85 Minuten

Die Bohnen über Nacht in kaltem Wasser einweichen. Am nächsten Tag mit frischem Wasser aufsetzen und 50 bis 60 Minuten bei mäßiger Temperatur kochen, bis sie weich sind, dann abgießen. Den Backofen auf 185 °C Ober- und Unterhitze vorheizen. Das Kürbisfruchtfleisch in kleine Stücke schneiden und in eine Auflaufform geben. Mit der Gemüsebrühe begießen und mit Alufolie abgedeckt etwa 25 Minuten garen, bis der Kürbis weich, aber noch bissfest ist. Inzwischen die Frühlingszwiebel waschen und klein schneiden. Die Kürbisstücke aus dem Backofen nehmen und erkalten lassen. Die Brühe abgießen und mit Essig und Kürbiskernöl verrühren. Mit Salz und Pfeffer gut würzen.

Kürbisterrine mit Roastbeef

Für 8 Mini-Soufflé-
förmchen

2 Schalotten
1 kleines Stück Lauch
von etwa 10 cm, nur das
Weiße
200 g Kürbisfruchtfleisch
wie Hokkaido, Butternut,
Muscade de Provence
etwa 3 dünne Scheiben
gebratenes Roastbeef
2 EL Olivenöl
35 g Butter
200 ml Gemüsebrühe
Salz
frisch gem. schwarzer
Pfeffer
1 TL Tandoori-Gewürz-
mischung (kleines Bild)
150 g Ziegen-Frischkäse
4 Blatt weiße Gelatine
130 ml Sahne
1–2 EL gehackte
Kürbiskerne
etwa 8 TL Kürbiskernöl

Raukeblättchen für die
Garnitur

Zubereitungszeit:
30 Minuten
Kühlzeit:
2½–3 Stunden

Die Schalotten abziehen und fein hacken. Den Lauch waschen und in feine Scheiben schneiden. Kürbisfruchtfleisch in Stücke schneiden. Das Roastbeef halbieren oder so dritteln, dass es im Durchmesser mit den Förmchen übereinstimmt.
Das Olivenöl in einem Topf erhitzen. Die Butter zufügen. Schalotten, Lauch und Kürbis zufügen und einige Minuten unter Rühren andünsten, ohne dass es Farbe nimmt. Mit der Brühe ablöschen. Mit Salz, Pfeffer und Tandoori würzen. Abgedeckt bei niedriger Temperatur etwa 10 Minuten kochen lassen, bis der Kürbis weich ist. Die Flüssigkeit sollte verkocht sein. Nun pürieren und mit dem Ziegenfrischkäse verrühren.
Die Gelatine in kaltem Wasser 5 Minuten einweichen und ausdrücken. Die Sahne erwärmen und die Gelatine darin auflösen, mit der Kürbis-Ziegenkäse-Masse vermischen, gut abschmecken. Inzwischen die 4 Förmchen mit Klarsichtfolie auslegen. Das Roastbeef hineinlegen und die Kürbis-Ziegenkäse-Masse auf das Roastbeef verteilen. Im Kühlschrank in 2½ bis 3 Stunden fest werden lassen
Zum Servieren mit der Klarsichtfolie herausheben und stürzen.

Die Raukeblättchen waschen und kleine Teller damit auslegen. Die Kürbisterrine darauf anrichten. Mit den gehackten Kürbiskernen bestreuen und nach Belieben mit Kürbiskernöl beträufeln.

*W*enn Sie Gäste für einen geselligen Abend einladen, können Sie diese kleinen Terrinen bei mehreren Gängen als Appetitanreger reichen. Es lohnt sich natürlich, mindestens die doppelte Menge herzustellen. Im Kühlschrank können sie 2 bis 3 Tage aufbewahrt werden.

Frittierte Zucchiniblüten

8 Zucchiniblüten mit etwas Fruchtansatz
2 kleine Eier
75 ml Mineralwasser
75 ml Weißwein
1 EL Erdnussöl
Salz
frisch gem. weißer Pfeffer
etwas abgeriebene Muskatnuss oder Macis
150 g Vollkornmehl
Rapsöl oder Erdnussöl zum Frittieren

Zubereitungszeit:
10 Minuten
Ruhezeit:
15–20 Minuten
Garzeit:
etwa 8 Minuten

Tipp:
Je nach Größe der Zucchiniblüten maximal 2 oder 3 auf einmal frittieren.

Die Zucchiniblüten vorsichtig reinigen, möglichst nicht waschen. Die Eier trennen. Die Eigelbe mit Mineralwasser, Wein und Erdnussöl verrühren und mit Salz, Pfeffer und abgeriebener Muskatnuss würzen. Das Mehl unter Rühren zufügen.
Den Teig 15 bis 20 Minuten ruhen lassen. Das Eiweiß mit etwas Salz steif schlagen und unterziehen. Das Öl zum Frittieren erhitzen. Die Zucchiniblüten durch den Teig ziehen und frittieren. Auf Küchenpapier abtropfen lassen.

Die weiblichen sind die größeren Blüten mit einer kleinen Zucchinifrucht. Sie eignen sich auch besonders gut zum Füllen. Die kleineren männlichen Blüten haben einen dünnen, langen Stiel. Beide Blüten wachsen aber an einer Pflanze. Die beste Zeit, sie zu ernten, ist von Juli bis Anfang September.
Wenn Sie vereinzelt einige Blüten ernten, so tut dies der Pflanze gut; es steigert die Blütenproduktion. In ein feuchtes Tuch gewickelt und im Gemüsefach des Kühlschranks gelagert, können Sie diese maximal 2 Tage aufbewahren. Zum Füllen eignen sich Bratwurstbrät, feines Rinderhackfleisch vermischt mit in Sahne eingeweichtem, entrindetem Toastbrot, gewürzt mit gehackter Petersilie, Salz und Pfeffer. Vegetarier können die Blüten mit gut gewürztem Reis oder Couscous füllen. Zum Würzen eignet sich Ingwer, Kreuzkümmel, Kurkuma, Vanille oder Zimt.

GEMÜSESÜLZCHEN

70 g Brokkoli
150 g Kürbisfruchtfleisch, vorzugsweise Hokkaido
1 kleine Stange Staudensellerie, etwa 30 g
50 g Champignons, etwa 4 Stück
½ rote Zwiebel
1 Knoblauchzehe
80 g magerer Tiroler Speck
225 ml Gemüsebrühe
Salz
frisch gem. schwarzer Pfeffer
5 Blatt weiße Gelatine
2 EL Olivenöl
30 ml Apfelessig
etwa 3 EL Kürbiskernöl

Zubereitungszeit:
15 Minuten
Garzeit:
12 Minuten
Kühlzeit:
2–3 Stunden

Tipp:
Kleine Schnapsgläschen oder Sherrygläser eignen sich sehr gut dafür.

Das Gemüse waschen. Brokkoli in sehr kleine Röschen teilen, die kleinen Strunke in Scheiben schneiden. Das Kürbisfruchtfleisch ebenfalls in kleine Stücke schneiden. Den Staudensellerie in dünne Scheiben schneiden. Die Champignons putzen und hacken. Die Zwiebel und die Knoblauchzehe abziehen. Die Zwiebel fein würfeln und die Knoblauchzehe zerdrücken.
Den Tiroler Speck in sehr kleine Stücke schneiden.
Die Gemüsebrühe erhitzen, das Kürbisfruchtfleisch hineingeben und bei geringer Temperatur kochen lassen. Nach 5 Minuten den Brokkoli und Staudensellerie zufügen. Weitere 5 bis 7 Minuten bei geringer Temperatur kochen, bis das Gemüse weich, aber noch bissfest ist, gut salzen und pfeffern.
Die Gelatine 5 Minuten in kaltem Wasser einweichen.
Das Olivenöl in einem kleinen Topf erhitzen. Die Champignons und Zwiebel hineingeben und unter Rühren einige Minuten braten. Den Knoblauch zufügen und vom Herd nehmen. Den Apfelessig zufügen. Die Gelatine ausdrücken und unterrühren. Den Tiroler Speck hineingeben. Alles mit dem Gemüse mischen und nochmals gut würzen.
In 4 bis 6 Tassen, je nach Größe, oder für eine Party in kleine Gläschen füllen. Es sollte alles mit Flüssigkeit bedeckt sein. Mit Klarsichtfolie abgedeckt im Kühlschrank in 2 bis 3 Stunden erstarren lassen.
Die Tassen sehr kurz in heißes Wasser tauchen und stürzen. Mit Kürbiskernöl beträufeln und servieren.
Die Partygläschen ungestürzt servieren, aber mit Kürbiskernöl beträufelt auftragen.

Hokkaido, der beliebte Kürbis (Bild Seite 154), wurde auf der japanischen Insel Hokkaido gezüchtet. Mit einem Gewicht von 1 bis 2 kg ist er gerade geeignet für eine Familie, zumal die orangerote, dünne Schale beim Kochen so weich wird, dass sie mitgegessen werden kann. Das nussige Aroma harmoniert mit fast allen anderen Gemüsen und Gewürzen.

EINGELEGTE CHILIS MIT GEMÜSE

12 kleine Zwiebeln oder Schalotten
4 Knoblauchzehen
3 Mohrrüben
2 kleine Zucchini
300 g Kürbisfruchtfleisch
250 g kleine Champignons
100 g Chiles jalapeños
100 ml Öl
4 Lorbeerblätter
2 Zweige Thymian
1–2 Zweige Majoran
1–2 TL getrockneter Oregano
etwa 2 TL Salz
frisch gem. schwarzer Pfeffer
400 ml guter Essig, vorzugsweise vom Apfel

Zubereitungszeit:
20 Minuten
Garzeit:
etwa 16 Minuten

Die Zwiebeln und die Knoblauchzehen abziehen. Die Mohrrüben schaben und wie die Zucchini in Scheiben schneiden. Das Kürbisfleisch würfeln. Die Champignons putzen und halbieren. Die Chilischoten längs aufschlitzen, Samen und Scheidewände entfernen.

Das Öl in einer großen Pfanne erhitzen. Mohrrüben und Kürbis hineingeben und 5 Minuten bei mäßiger Hitze garen. Zwiebeln, Knoblauch, Chilischoten, Champignons und Zucchini zufügen und weitere 3 Minuten garen. Lorbeerblätter zufügen und mit Thymian, Majoran, Oregano, Salz und Pfeffer würzen. Essig und 250 ml Wasser angießen und nach dem Aufkochen noch etwa 8 Minuten bei geringer Temperatur kochen lassen. Vom Herd nehmen und zugedeckt 20 Minuten ruhen lassen.

In Gläser füllen, verschließen und in den Kühlschrank stellen. Vor dem ersten Servieren einen Tag durchziehen lassen.

Chile jalapeño ist grün und hat die Form eines Kegels, manchmal auch unter dem Namen Chile cuaresmeno *bekannt. Da er sehr scharf ist, können Sie diesen auch durch eine mildere Sorte ersetzen wie zum Beispiel* Chile güero *oder* Chile poblano, *der allerdings größer ist. Sie können diesen dann in Streifen schneiden.*

In Mexiko, besonders in Zentralmexiko sind diese eingelegten Chilis mit Gemüse unter dem Namen Chiles y verduras en escabeche *bekannt. Sie werden zu vielen Hauptgerichten gereicht, man liebt die scharfe, feine Säure. Das Praktische daran ist, dass die Gemüse sich ca. 4 Wochen im Kühlschrank halten und man immer aus dem Vorrat schöpfen kann.*

Gegrillter Muscade de Provence

1 gr. Segment von einem Muscade de Provence, etwa 900 g
2 Zweige Rosmarin
2–3 EL Olivenöl
Salz
frisch gem. schwarzer Pfeffer
nach Belieben 3–4 EL Kürbiskernöl

Zubereitungszeit:
10 Minuten
Garzeit:
etwa 12 Minuten

Tipp:
Passt hervorragend zu Fisch, Fleisch, Schinken, besonders auch geräucherter Gänsebrust und Wild.

Den Kürbis schälen, Kerne und Fasern entfernen. Das Fruchtfleisch in Scheiben schneiden. Den Rosmarin waschen, trocken tupfen und etwas zerkleinern. Den Grill vorheizen. Ein Backblech mit Öl ausstreichen, Kürbisscheiben darauf legen, mit Olivenöl bestreichen und salzen. Etwa 12 Minuten grillen; die Hitze sollte nicht zu unmittelbar und nicht zu stark sein.
Mit Pfeffer bestreuen und nach Belieben mit Kürbiskernöl beträufeln.
Sollten Sie keinen Grill haben, so können Sie die Scheiben in einer Pfanne in Olivenöl braten. Nach Belieben etwas gesalzene Butter auf die Scheiben geben.
Auch Rauchsalz ist eine gute Abwechslung.

Muscade de Provence ist einer meiner Lieblingskürbisse. Sein orangefarbenes Fruchtfleisch ist aromatisch und sehr saftig. Auf Märkten und beim Gemüsehändler erhalten Sie den Kürbis in Scheiben geschnitten. Sollten Sie die letzten Sonnenstrahlen nutzen und draußen grillen, achten Sie darauf, dass das Vorheizen des Grills 20 bis 30 Minuten in Anspruch nimmt, je nach Größe des Grillgerätes. Dabei haben sich Alu-Grillschalen sehr bewährt. Sie besitzen eingelassene Vertiefungen, in denen das vom Grillgut tropfende Olivenöl aufgefangen wird. Es kann also nicht auf die Glut tropfen und verbrennen. Die Erhöhungen besitzen Schlitze, sodass das Grillgut seine typische Bräune erhält.
Zu diesem Gericht können Sie sehr gut eine Kürbiskernbutter reichen. Dazu rösten Sie 50 g gehackte Kürbiskerne und vermischen diese mit 125 g Butter, 2 TL Kürbiskernöl und 1 EL Feigensenf.

LECKERE AUGENWEIDE

TÊTE DE MOINE MIT MELONENBÄLLCHEN
Für 8 Portionen

¼ Wassermelone
½ Ogenmelone
½ Cantaloupe-Melone
1 kleiner Tête de Moine
1 EL Kürbiskerne

*Zubereitungszeit:
20–25 Minuten*

MELONEN-KALTSCHALE
2 kleine Honigmelonen, je 550–600 g
75 g Zucker
1 TL Speisestärke
200 g Aprikosen
Saft von ½ Limette
2–3 EL Melonen-Likör

*Zubereitungszeit:
20 Minuten
Garzeit:
5 Minuten*

*Tipp:
Mit einem Kugel- bzw. Kartoffelausstecher können Sie das Fruchtfleisch sehr einfach herausnehmen. Zum Halbieren der Melone benötigen Sie ein kleines spitzes Messer. Am besten ist es, wenn Sie sich vorher mit dem Messer eine kleine Hilfslinie zeichnen.*

TÊTE DE MOINE MIT MELONENBÄLLCHEN
Aus den Melonen mit einem Kugelausstecher Melonenbällchen formen.
Vom Tête de Moine einen Deckel abschneiden, beiseite legen und ihn anschließend wieder auf den Käse legen, um ein Austrocknen zu verhindern. Mit der Girolle kreisförmig abhobeln.
Den Käse auf einer Platte oder Tellern anordnen, dazwischen die Melonenbällchen legen.
Mit fein gehackten Kürbiskernen garnieren.

Tête de Moine – Mönchskopf, ist ein Käse aus der Schweiz. Girolle ist ein spezielles Schneidegerät für diesen Käse; mit seiner Hilfe entstehen sehr schöne Blüten, so gerät jedes Büfett zum Blickfang.

MELONEN-KALTSCHALE
Die Melonen so halbieren, dass Zacken entstehen. Die Kerne mit einem Löffel herausnehmen und den Saft auffangen. Aus dem Fruchtfleisch einige Kugeln ausstechen, das restliche Fruchtfleisch so herausschaben.
Zucker mit aufgefangenem Saft 3 Minuten kochen. Die Speisestärke mit 2 EL Wasser vermischen und hineinrühren, kurz aufkochen lassen. Vom Herd nehmen. Nach dem Erkalten mit dem Fruchtfleisch und den Aprikosen pürieren. Mit Limettensaft und nach Belieben mit Melonen-Likör aromatisieren.
In die Melonenhälften füllen, die Melonenbällchen zufügen und eisgekühlt serviert.
Anstelle der Aprikosen können Sie auch eine reife Mango verwenden.

62   Salate, Brotaufstriche, Vorspeisen und kleine Gerichte

Suppen und Eintöpfe

Drei-Schwestern-Suppe

200 g weiße Bohnen
1 Zwiebel
1–2 Knoblauchzehen
3–4 Stangen Staudensellerie mit Grün
1 Lauchstange
2 Mohrrüben
350 g Kürbisfruchtfleisch, Hokkaido oder Eichelkürbis
3 EL Raps- oder Olivenöl
30 g Butter
2½ EL Maismehl
½ Liter Gemüsebrühe, gut gewürzt
Salz
frisch gem. schwarzer Pfeffer
1 TL getr. Thymian
1 Dose Gemüsemais, etwa 300 g

Zubereitungszeit:
20 Minuten
Einweichzeit:
etwa 8 Stunden
Garzeit:
etwa 70 Minuten

Die Bohnen in eine Schüssel geben, mit reichlich kaltem Wasser begießen und über Nacht einweichen. Am nächsten Tag mit 1½ Liter frischem Wasser in einen Topf geben und etwa 50 Minuten kochen lassen, je nach Sorte und Alter der Bohnen. Inzwischen die Zwiebel und die Knoblauchzehen abziehen. Die Zwiebel fein würfeln und die Knoblauchzehen zerdrücken. Alle Gemüse waschen, schälen oder schaben und in kleine Stücke schneiden.
Das Öl in einem weiten Topf erhitzen und die Butter zufügen. Zwiebel, Knoblauch und alle Gemüse hineingeben und 5 Minuten unter Rühren andünsten. Mit Maismehl bestauben, kurz durchschwitzen lassen und mit der Gemüsebrühe ablöschen. Das Kochwasser der Bohnen angießen, mit Salz, Pfeffer und Thymian würzen. Etwa 15 Minuten bei niedriger Temperatur kochen lassen, bis das Gemüse fast gar ist. Bohnen und Maiskörner zufügen und noch etwa 5 Minuten köcheln lassen. Gut abschmecken und servieren.

Die drei Hauptzutaten hierfür stammen ursprünglich aus dem heutigen Mexiko und Mittel- und Südamerika, sie breiteten sich dann allmählich nach Norden aus.
Die indigenen Völker Amerikas nennen ihre Hauptgemüsearten die drei Schwestern des Lebens: Mais, Bohnen und Kürbis!
Für diese lebendige Dreifaltigkeit kannte die amerikanische Urbevölkerung eine Vielzahl von Bezeichnungen. Noch heute stehen die drei Schwestern für den Kernbestand einer gesunden indigenen Ernährung. Als Schwestern werden sie bezeichnet, weil sich die Pflanzen in ihren Eigenschaften aufeinander beziehen und sie voneinander profitieren.
Wer diesen harmonischen Dreiklang beachtet, bekommt ein erfolgreiches Pflanzsystem gleichsam umsonst: Die Bohnen wachsen auf dem Maisstroh und die Maisstängel liefern die Rankhilfe. Zudem sorgen die Bohnen dafür, dass der Boden mit Nährstoffen angereichert wird, auf dem die anderen wachsen können. Dazwischen werden die Kürbisse angepflanzt, um den Boden feucht und das Unkraut fernzuhalten.

Kürbissuppe nach Art der Mauren

250 g Kürbisfruchtfleisch
1 Gemüsezwiebel
2 EL Olivenöl
20 g Butter
1½ Liter Rinderbrühe
100 g gegarte weiße
Bohnen, ersatzweise
1 kleine Dose
1 Lorbeerblatt
60 g Fadennudeln
1 EL Mandelmehl
Salz
frisch gem. schwarzer
Pfeffer
1 TL milder geräucherter
Paprika
4 TL Kürbiskernöl

Zubereitungszeit:
15 Minuten
Garzeit:
30 Minuten

Das Kürbisfruchtfleisch in Stücke schneiden. Die Gemüsezwiebel abziehen und würfeln.
Das Olivenöl in einem weiten Topf erhitzen. Die Butter zufügen. Die Zwiebel und den Kürbis hineingeben und 5 Minuten unter Rühren andünsten. 1 Liter Rinderbrühe angießen und abgedeckt etwa 20 Minuten kochen lassen, bis der Kürbis weich ist. Die Bohnen zufügen und pürieren. Die restliche Brühe angießen und das Lorbeerblatt zufügen. Zum Kochen bringen, Fadennudeln und Mandelmehl hineinstreuen. Mit Salz, Pfeffer und Paprika würzen. Die Nudeln etwa 10 Minuten garen – sie sollen noch bissfest sein. Das Lorbeerblatt entfernen und mit Kürbiskernöl beträufelt servieren.

*A*ls die Mauren Andalusien beherrschten, begann ein goldenes Zeitalter. Davon sprechen noch heute berühmte Bauwerke, blühende Gärten und wunderschöne Innenhöfe. Auf den perfekt bewässerten Terrassen wurden Mandeln, Oliven, Zitronen und Orangen angebaut. Die üppig geernteten Früchte und der Handel mit Gewürzen trugen wesentlich zu einer verfeinerten Küche bei.
Geräucherter Paprika wird unter dem Namen *Pimentón ahumado* angeboten. Dieses spanische Paprikapulver soll eine antibakterielle Wirkung haben. Nicht umsonst werden in Spanien viele Wurstwaren damit gewürzt. In gut sortierten Supermärkten und Delikatessen-Geschäften ist er mittlerweile auch bei uns zu haben.

Indische Rote Linsensuppe

Variante:
Möchten Sie die Linsensuppe sättigender zubereiten, so nehmen Sie etwas mehr Wasser und geben zu den Linsen und dem Kürbis noch 100 g Reis dazu. Mit der Schale einer Bio-Limette, einer zerdrückten Knoblauchzehe und Chiliöl würzen. Oder stattdessen mit 1 Esslöffel indischem mittelscharfen Currypulver (aus dem Asialaden) abrunden.

150 g rote Linsen
150 g Kürbisfruchtfleisch
½ Liter Gemüsebrühe, gut gewürzt
3–4 EL Kokosnusscrème (Dose)
Salz
frisch gem. schwarzer Pfeffer
½ Bd. Koriandergrün
1 EL Tomatenmark
½ TL Kurkuma
½ TL Curry
½ TL Kreuzkümmel
etwa 2 TL Rotweinessig

Zubereitungszeit:
10 Minuten
Garzeit:
22 Minuten

Die roten Linsen waschen. Das Kürbisfruchtfleisch in Stücke schneiden. Beides mit 700 ml Liter Wasser aufsetzen und 20 Minuten kochen, bis Linsen und Kürbis weich sind.
Linsen und Kürbis pürieren, Gemüsebrühe sowie Kokosnusscrème angießen und erhitzen. Mit Salz und Pfeffer würzen. Das Koriandergrün waschen, trocken tupfen, die Blättchen von den Stielen nehmen und klein zupfen. Mit Tomatenmark, Kurkuma, Curry, Kreuzkümmel, Salz und Pfeffer gut würzen. Mit Rotweinessig abschmecken.
In vorgewärmten Suppenschalen mit Korianderblättchen bestreut servieren.

Kürbissuppe auf englische Art

1 Zwiebel
1 Stange Staudensellerie
1 Stange Lauch, nur das Weiße
1–2 Kartoffeln
350 g Kürbisfruchtfleisch
40 g Butter
1¼ Liter Hühnerbrühe
Salz
frisch gem. schwarzer Pfeffer
einige Tropfen Tabasco
100 ml Sahne
einige Tropfen Worcestersauce

Zubereitungszeit:
20 Minuten
Garzeit:
30 Minuten

Die Zwiebel abziehen und klein schneiden. Staudensellerie und Lauch gut waschen. Beides in Ringe schneiden. Die Kartoffel schälen und wie das Kürbisfruchtfleisch in Stücke schneiden. Die Butter in einem weiten Topf erhitzen. Die Zwiebel darin andünsten. Alle Gemüse zufügen, einige Minuten weiterdünsten und mit der Hühnerbrühe ablöschen. Mit Salz, Pfeffer und Tabasco würzen. Abgedeckt etwa 30 Minuten kochen, bis alles weich ist. Die Suppe pürieren, die Sahne zufügen und mit Worcestersauce abschmecken.

Nicht nur die Engländer lieben ihre berühmte Worcester(shire)sauce – über die korrekte Schreibweise sind sich selbst Fachleute uneins, daher gelten beide. Sie wird noch heute nach einem Originalrezept von 1835 hergestellt. Die Urwürze aus Gerstenmalzessig, Branntweinessig, Wein, Anchovis, Melasse, Zuckersirup, Salz, Chilis, Ingwer, Schalotten, Knoblauch, Tamarinden-Extrakt und noch einer geheimen Zutat reift in Eichenfässern bis zur eigentlichen Fertigstellung. Sie wird ohne Konservierungsstoffe erzeugt und ist trotzdem im Kühlschrank fast unbegrenzt haltbar.

Kürbissuppe mit Flusskrebsschwänzen

5 kleine, etwa 1 kg schwere rote Hokkaido
1 Zwiebel
1 Knoblauchzehe
1 Stange Lauch
1–2 Petersilienwurzeln
2 kleine Kartoffeln
3 EL Olivenöl
30 g Butter
10 g Dinkel-Vollkornmehl
1 Liter Gemüsebrühe
Salz, schwarzer Pfeffer
je ½ TL Kurkuma und geräuchertes Paprikapulver
½–1 TL Currypulver
120 ml Crème fraîche
200 g küchenfertige Flusskrebsschwänze

1 EL Olivenöl

Zubereitungszeit:
30 Minuten
Garzeit:
60 Minuten

Die Kürbisse waschen. Von 4 Kürbissen den Deckel abschneiden und aufbewahren. Mit einem Löffel Fasern und Kerne aus den Kürbissen entfernen. Das Fruchtfleisch des 5. Kürbisses in Stücke schneiden. Die Zwiebel und die Knoblauchzehe abziehen. Die Zwiebel würfeln und die Knoblauchzehe zerdrücken. Den Lauch waschen – nur den weißen Teil – und in Ringe schneiden. Die Petersilienwurzel schaben, die Kartoffeln schälen und beides in Stücke schneiden.
Das Öl in einem Topf erhitzen und die Butter zufügen. Kürbisfleisch, Petersilienwurzel, Lauch und Zwiebel darin andünsten. Nach einigen Minuten die Kartoffeln und Knoblauchzehe zufügen. Noch etwa 5 Minuten unter Rühren andünsten. Mit Dinkelmehl bestauben und 3 Minuten durchschwitzen lassen. Mit der Gemüsebrühe ablöschen und mit Salz, Pfeffer, Kurkuma, Currypulver und Paprikapulver würzen. Abgedeckt 15 Minuten bei niedriger Temperatur kochen lassen.
Den Backofen auf 170 °C Umluft vorheizen. Eine Fettpfanne mit Olivenöl ausstreichen. Die Suppe vom Herd nehmen, mit Crème fraîche verfeinern und die Suppe in die vorbereiteten Kürbisse füllen. Den Deckel oben auflegen. Die Stiele mit Alufolie umwickeln und die Kürbisse in die Fettpfanne stellen. Im Backofen, 2. Schiene von unten, je nach Größe der Kürbisse, etwa 35 Minuten garen. Kurz vor Ende der Garzeit die Flusskrebsschwänze auf die Suppe geben und kurz mit erhitzen. In den Kürbissen servieren!

Tipp:
Der grüne Teil des Lauchs kann fein geschnitten, mit Olivenöl übergossen und abgedeckt im Kühlschrank für weitere Gerichte aufbewahrt werden.

Kubanische Vichyssoise

100 g weiße Bohnen
1 kleine Lauchstange
1 Stange Bleichsellerie
1 Zwiebel
1 Knoblauchzehe
250 g Kürbis
200 g Yucca
2 Zweige Thymian
3 EL Olivenöl
30 g Butter
2 Lorbeerblätter
½ Liter Hühnerbrühe, gut gewürzt
Salz
frisch gem. schwarzer Pfeffer
½ TL Kurkuma
1 Bd. Schnittlauch

Zubereitungszeit:
25 Minuten
Garzeit:
70 Minuten

Tipp:
Die Garzeit der Bohnen richtet sich nach Sorte und Alter. Frische Ernte ist wesentlich schneller gar.

Die weißen Bohnen über Nacht in kaltem Wasser einweichen. Die Lauch- und Selleriestange waschen und in Stücke schneiden. Die Zwiebel und die Knoblauchzehe abziehen. Die Zwiebel würfeln und die Knoblauchzehe zerdrücken. Vom Kürbis mit einem Löffel Fasern und Kerne entfernen. Kürbis und Yucca schälen und in Stücke schneiden. Den Thymian waschen und hacken.
Die Bohnen abgießen. Das Olivenöl in einem Topf erhitzen. Die Butter zufügen. Zunächst Zwiebel, Lauch, Sellerie und Knoblauch hineingeben und einige Minuten andünsten. Kürbis, Yucca und Bohnen zufügen. Mit 1¼ Liter Wasser begießen. Thymian und Lorbeerblätter hineingeben und bei mäßiger Temperatur 1 Stunde kochen lassen, bis die Bohnen gar sind; eventuell Wasser nachgießen.
Die Lorbeerblätter entfernen und die Suppe pürieren. Die Hühnerbrühe angießen, Mit Salz, Pfeffer und Kurkuma gut würzen. Den Schnittlauch in Röllchen schneiden und damit bestreuen.
Die Suppe kann gut gekühlt oder heiß serviert werden.

Variante:
Anstelle der Schnittlauchröllchen können Sie eine Orangengremolata über die Suppe geben. Dazu die Schale von 2 Bio-Orangen fein abreiben. ½ rote Chilischote entkernen und fein hacken. 30 g Ingwer schälen und reiben. 2 EL Kürbiskerne hacken. Alles vermischen und über die fertige Suppe streuen.

Yucca – Maniok – Kassave, die bis zu 1 Meter lange braune Wurzel stammt ursprünglich aus Süd- oder Mittelamerika. Portugiesische Seefahrer brachten sie nach Südostasien, wo die stärkehaltige Wurzel heute als Grundnahrungsmittel gilt. In rohem Zustand ist sie wegen ihres relativ hohen Blausäureanteils nicht genießbar. Nach dem Garen wird das weiße Fleisch leicht mehlig und essbar. Es wird als Gemüse bereitet – besonders vielfältig in der Karibik. Yucca ist die Grundsubstanz für Maniokmehl und Tapioka, ein Stärkemehl. Mir hat die Kombination mit Kürbis besonders gut geschmeckt.

Algerische Fastensuppe

200 g Kichererbsen
2 Zwiebeln
1 Knoblauchzehe
2 Stangen Staudensellerie
200 g Kürbisfruchtfleisch
800 g Tomaten
1 Stück frischer Ingwer, 2–3 cm
2 EL Olivenöl
Salz
Ras el Hanut
1½ Liter Gemüsebrühe
1 Zweig Minze
3 Stauden Koriandergrün
60 g Bulgur

Zubereitungszeit:
20 Minuten
Garzeit:
65 Minuten
Einweichzeit:
über Nacht oder
6 Stunden

Die Kichererbsen am besten am Abend vorher einweichen. Am nächsten Tag mit frischem Wasser aufsetzen und etwa 45 Minuten kochen, bis sie weich sind. Die Zwiebeln und die Knoblauchzehe abziehen. Die Zwiebeln würfeln und die Knoblauchzehe zerdrücken. Den Staudensellerie waschen und samt Grün in Scheiben schneiden. Das Kürbisfruchtfleisch in kleine Stücke schneiden. Die Tomaten über Kreuz einritzen, in kochendes Wasser geben, abschrecken, den Stielansatz entfernen, Früchte häuten und hacken. Den Ingwer schälen und sehr klein schneiden.
Das Olivenöl in einem Topf erhitzen. Die Zwiebel mit Kürbis und Sellerie darin andünsten. Mit Salz und Ras el Hanut würzen und mit der Gemüsebrühe ablöschen. Minzezweig und Ingwer zufügen und abgedeckt 10 Minuten kochen lassen.
Das Koriandergrün waschen, trocken tupfen, die Blättchen von den Stielen zupfen und hacken, einige Blättchen für die Garnitur zurückbehalten.
Nun Tomaten und Bulgur zufügen und weitere 10 Minuten kochen. Mit Salz und Pfeffer würzen. Kurz vor Garende die Kichererbsen und das Koriandergrün zufügen. Mit Korianderblättchen garniert auftragen.

Ra's al-hānūt, el-hānūt bedeutet im Arabischen Ladendach, also eine Mischung von verschiedenen Gewürzen des Ladenbesitzers. Es können Ingwer, Kardamom, Kurkuma, Gewürznelken, Galgant, Erdmandeln, Muskatnuss, schwarzer Pfeffer, Chili, Piment, Zimt, Lavendel, getrocknete Rosenknospen und Veilchenwurzeln sein. Man sagt, dass es mindestens 13 Gewürze beinhalten sollte, je nach Lust und Laune des Verkäufers.

Marokkanische Safran-Gemüsesuppe

60 g Linsen
500 g Fleisch vom Rind oder Lamm
1 Zwiebel
2 Mohrrüben
200 g Kürbisfruchtfleisch
2 Selleriestangen mit Grün
3–4 Tomaten
1 Zucchino, etwa 200 g
1 Kartoffel
8 Safranfäden
4 EL Olivenöl
1½ TL Paprikapulver, edelsüß
50 g kleine Nudeln
Salz
frisch gem. schwarzer Pfeffer
½ TL Korianderpulver
4 Stängel Petersilie
4 Stängel Koriandergrün

Zubereitungszeit:
25 Minuten
Garzeit:
etwa 70 Minuten
Einweichzeit:
2 Stunden

Tipp:
Es ist nicht zwingend erforderlich, Linsen einzuweichen. Ich tue es trotzdem gern, denn die Garzeit verkürzt sich auf diese Weise. Selbstverständlich kommt es auch auf die Sorte und das Alter der Linsen an.

Die Linsen etwa 2 Stunden in kaltem Wasser einweichen.
Das Fleisch von Sehnen und Haut befreien und in kleine Würfel schneiden.
Die Zwiebel abziehen und fein hacken. Das Gemüse waschen. Die Mohrrüben schaben und würfeln. Das Kürbisfruchtfleisch in Stücke schneiden. Die Selleriestangen samt Grün klein schneiden. Die Tomaten über Kreuz einritzen, in kochendes Wasser geben, abschrecken, den Stielansatz entfernen, Früchte häuten und hacken. Den Zucchino ungeschält und die Kartoffel geschält in Würfel schneiden. Die Safranfäden in einer kleinen möglichst beschichteten Pfanne bei mäßiger Temperatur etwa 2 Minuten unter ständigem Rühren rösten.
Das Olivenöl in einem weiten Topf erhitzen und das Fleisch mit Zwiebeln leicht anbraten. Mit Paprikapulver bestreuen, kurz durchrühren.
Die Gemüse bis auf den Zucchino zufügen und 1½ Liter Wasser angießen. Die Safranfäden zwischen den Händen zerreiben und zugeben. Etwa 35 Minuten kochen lassen, dann die Linsen zufügen und weitere 35 Minuten kochen, bis die Linsen weich sind.
10 Minuten vor Garende die kleinen Nudeln und den Zucchino zufügen. Nun erst mit Salz, Pfeffer und Koriander würzen. Petersilie und Koriandergrün waschen, trocken tupfen, die Blättchen von den Stielen zupfen und hacken. In die Suppe rühren. Möglichst in schönen, vorgewärmten Keramiktellern auftragen. Leckeres möglichst frisches und gut gewürztes Brot dazu reichen. Ein marokkanisches Abendessen schließt mit frischem Obst ab.

Safran wird aus den Blütendolden einer Krokusart gewonnen, die ursprünglich aus Vorderasien stammt. Schon in der Antike wurden die Würz- und Färbekraft dieses teuersten Gewürzes geschätzt. Von Hand werden die Narbenfäden aus den leuchtend lila Blüten abgezwickt. Von einem Hektar Anbaufläche ergeben sich etwa 3 kg Fäden. Hauptlieferanten sind heute Spanien, Italien, Griechenland, Frankreich, Wallis/Schweiz, Marokko, Türkei, Iran und Kaschmir. Im Handel sind getrocknete Fäden und Pulver erhältlich. Safran ist hoch aromatisch und von bitter-scharfem Geschmack. Daher darf er nur vorsichtig dosiert werden.

Zucchinisuppe mit Parmesanschaum

1 Zwiebel
1 Knoblauchzehe
2 Zucchini
1 EL Olivenöl
40 g Butter
1 EL Mehl
½ Liter Gemüsebrühe
100 ml Crème double
Salz
frisch gem. schwarzer Pfeffer
2 Msp. Thymian
2–3 Msp. Cayennepfeffer
250 ml Milch
2 Msp. Macis
60 g geriebener Parmesan

Zubereitungszeit:
15 Minuten
Garzeit:
12 Minuten

Die Zwiebel und die Knoblauchzehe abziehen. Die Zwiebel würfeln und die Knoblauchzehe zerdrücken. Die Zucchini waschen und würfeln.
Olivenöl in einem Topf erhitzen und die Butter zufügen. Zwiebel, Knoblauch und Zucchini hinzugeben und einige Minuten dünsten. Mit Mehl bestauben, kurz durchschwitzen und mit der Brühe ablöschen. 8 Minuten köcheln lassen und mit dem Stabmixer pürieren. Crème double zufügen, mit Salz, Pfeffer, Thymian und Cayennepfeffer gut abschmecken und 2 Minuten sanft kochen lassen.
Die Milch mit Salz und Macis in einem kleinen hohen Topf erhitzen. Vom Herd nehmen und den Parmesan unterrühren. Nach 2 Minuten zurück auf den Herd stellen und durch Schräghalten des Topfes mit dem Schneebesen oder Stabmixer aufschlagen.
Die Suppe in Glastassen schöpfen und den Parmesanschaum darauf verteilen. Sofort servieren!

*Macis, Mazis, Muskatblüte – drei Namen für den roten Samenmantel, der in der pfirsichartigen Frucht des tropischen Muskatnussbaums steckt. Muskatblüte kommt getrocknet, wobei sie jedoch an Farbe verliert, und flachgedrückt oder in Pulverform in den Handel. Das Aroma gleicht dem der Muskatnuss, dem Samenkern, ist jedoch viel feiner und nicht so scharf brennend im Geschmack. Das vielseitige Gewürz eignet sich für pikante und ebenso für süße Gerichte.
Muskatblüte sollte immer mitgekocht werden.*

KANARISCHER EINTOPF

Für 6 Portionen

200 g Kichererbsen
500 g Rindfleisch
2 Lorbeerblätter
500 g gepökeltes Schweinefleisch
500 g Kartoffeln
300 g Bataten
400 g Kürbis
1 Chayota, falls nicht erhältlich, den Kürbisanteil erhöhen
2 Mohrrüben
750 g Weißkohl
1–2 Maiskolben
2 Birnen
150–200 g grüne Bohnen
1 Zwiebel
4 Knoblauchzehen oder mehr
3 Tomaten
Salz
frisch gem. schwarzer Pfeffer
1 TL Piment
1 TL getr. Thymian oder 2–3 Zweige frischer
1 TL Safranfäden

300 g Gofio

Zubereitungszeit:
40 Minuten
Garzeit:
90 Minuten
Einweichzeit:
über Nacht oder 6 Stunden

Die Kichererbsen waschen und am Vorabend in kaltem Wasser einweichen. Tags drauf mit Einweichwasser und weiteren 2½ Litern Wasser in einen großen Topf geben und zum Kochen bringen. Das Rindfleisch waschen und mit den Lorbeerblättern zufügen, nicht salzen. Nach 30 Minuten Garzeit das Schweinefleisch zugeben. Den sich bildenden Schaum öfters abschöpfen. Inzwischen das Gemüse waschen und putzen. Kartoffeln, Bataten, Kürbis und Chayota schälen. Kartoffeln und Bataten in dicke Scheiben schneiden. Kürbis und Chayota in Stücke schneiden. Die Mohrrüben schaben und in Stücke schneiden. Den Weißkohl achteln und quer halbieren. Die Maiskolben in Stücke schneiden. Die Birnen schälen und vierteln. Von den Bohnen, falls nötig, die Fäden ziehen und in Stücke schneiden. Die Zwiebel und die Knoblauchzehen abziehen. Die Zwiebel in Stücke teilen und die Knoblauchzehen zerdrücken. Die Tomaten über Kreuz einritzen, in kochendes Wasser geben, abschrecken, den Stielansatz entfernen, Früchte häuten und halbieren.
Nach 1 Stunde Kochzeit Kartoffeln, Bataten, Mohrrüben, Maiskolben und grüne Bohnen zu dem Fleisch geben. Etwas später Weißkohl, Kürbis, Chayota, Birnen und Tomaten. Mit Salz, Pfeffer, Piment, Thymian und Safran würzen. Abgedeckt bei mittlerer Temperatur noch etwa 30 Minuten kochen lassen, bis alles gar ist. Das Gemüse sollte noch in großen Stücken zu sehen, auf keinen Fall zerkocht sein.
Das Gemüse mit dem Fleisch auf einer Platte ohne Brühe anrichten. ¾ Liter Brühe mit 300 g Gofio verrühren und dazu servieren.

*D*a Gofio, gemahlenes und geröstetes Getreide, bei uns nur schwer erhältlich ist, können Sie stattdessen Maisgrieß nehmen. Dieser „Puchero" ist besonders in der kühleren Jahreszeit sehr beliebt. Dazu wird gern eine Mojo de cilantro, *also eine Koriandersauce, gereicht. 1 TL Kümmel und 3 Msp. gemahlenen Kreuzkümmel in einer trockenen Pfanne leicht anrösten. Die Blätter von einem großen Bund Koriander hacken und mit einer zerdrückten Knoblauchzehe, ½ grünen Chilischote und dem angerösteten Kümmel zerkleinern. 150 ml Olivenöl nach und nach zugeben. Mit Salz und 1 bis 2 EL Essig abschmecken.*

Hauptgerichte aus aller Welt

Jakobsmuschel auf Kürbis-Kartoffelpüree

Für das Kürbis-Kartoffel-
püree:
500 g Kartoffeln
500 g Kürbisfruchtfleisch
Salz
etwa 150 ml Sahne
30 g Butter
frisch gem. weißer Pfeffer

Für die Jakobsmuscheln:
6 ausgelöste
Jakobsmuscheln, frisch,
ersatzweise TK-Produkt
250 ml Milch
2 Zweige glattblättrige
Petersilie
1 Schalotte
2 EL Olivenöl
30 g Butter
½ TL Safranfäden
100 ml Sahne
2–3 EL Crème fraîche
Salz
frisch gem. weißer Pfeffer
1 Msp. Vanillemark

Zubereitungszeit:
30 Minuten
Garzeit:
etwa 23 Minuten

Tipp:
Gefrorene Jakobsmuscheln im Sieb im Kühlschrank auftauen lassen, damit der feine Geschmack erhalten bleibt.

Die Kartoffeln waschen, schälen und vierteln. Das Kürbisfruchtfleisch würfeln. Beides zusammen in einen Topf geben, knapp mit Wasser begießen, erhitzen, salzen und abgedeckt 20 Minuten kochen, bis alles weich ist. Das restliche Wasser, falls nicht verkocht, abgießen und anderweitig verwerten.
Inzwischen die Jakobsmuscheln vor dem Braten in Milch einlegen. Die Petersilie waschen, trocken tupfen, die Blättchen von den Stielen zupfen und hacken. Die Schalotte abziehen und fein würfeln.
Die Sahne für das Püree erhitzen. Kartoffeln und Kürbis durch die Kartoffelpresse drücken, die Butter zufügen und mit der Sahne verrühren. Mit Salz sowie Pfeffer würzen und warm halten.
Die Jakobsmuscheln aus der Milch nehmen und mit Küchenpapier trocken tupfen. Die Nuss der Jakobsmuschel einmal quer halbieren.
Das Öl in einer Pfanne erhitzen. Die Butter zufügen. Die Schalotte darin andünsten. Die Jakobsmuscheln hineingeben und beidseitig je etwa 1 Minute braten. Die Safranfäden in der Sahne auflösen und angießen, Crème fraîche zufügen. Mit Salz, Pfeffer und einem Hauch Vanille würzen. Mit Petersilie bestreuen.
Auf vorgewärmten Tellern zusammen mit dem Püree auftragen!

*S*chon die Pilger im Mittelalter führten eine leere Hälfte der Kammmuschel mit sich. Wahrscheinlich benutzten sie diese als Trink- und Speisegefäß. Daher rührt der Name Pilgermuschel und Coquille de St. Jacques – Schale des heiligen Jacob. In den Monaten von November bis März sind sie besonders gut.
Bevorzugte Fanggebiete liegen im Atlantik, und zwar in den französischen, schottischen und irischen Küstengewässern.

Wildlachs mit Kürbiskern-Couscous

350 g Couscous, vorgegart
etwa 700 ml Gemüsebrühe
3–4 EL steirisches
Kürbiskernöl
Salz
frisch gem. schwarzer
Pfeffer
1 Zucchino
500 g Wildlachsfilet
1 EL Limettensaft
2 TL Mehl
4 EL Olivenöl
50 ml Weißwein
100 ml Sahne
20 g Kräuterbutter
3–4 EL Kürbiskerne

Zubereitungszeit:
5 Minuten
Garzeit:
10–12 Minuten

Couscous in einen Topf geben und mit der kochenden Gemüsebrühe übergießen. Abgedeckt 10 Minuten quellen lassen; anschließend die Hälfte des Kürbiskernöls unterrühren. Mit Salz und eventuell Pfeffer würzen. Den Zucchino waschen und ungeschält in kleine Stücke schneiden.
Das Wildlachsfilet abspülen, trocken tupfen, mit Limettensaft beträufeln und ganz leicht mit Mehl bestauben. Die Hälfte des Olivenöls in einer Pfanne erhitzen und die Fischfilets hineingeben. Von beiden Seiten etwa 5 Minuten leicht braten, salzen und pfeffern. Zucchino zufügen. Den Wein und die Sahne angießen, 2 Minuten schmoren lassen.

Inzwischen das restliche Olivenöl in einer kleinen Pfanne erhitzen und die Kräuterbutter zufügen. Die Kürbiskerne hineingeben und bei geringer Temperatur und häufigem Rühren leicht braten. Zum Anrichten Wildlachsfilet mit Zucchino auf vorgewärmten Tellern verteilen. Couscous hinzufügen, mit dem restlichen Kürbiskernöl beträufeln und den gebratenen Kürbiskernen bestreuen.

Tipp:
Reste vom Couscous können nicht nur als Salat Verwendung finden, sondern dienen auch als Grundlage für einen Auflauf. Dazu Ei, Quark, gedämpften, pürierten Kürbis, Steinpilzpulver und nach Belieben auch zerdrückten Knoblauch mischen. Salz, Pfeffer und Kürbiskernöl unterrühren. In eine gebutterte Auflaufform geben, glatt streichen und mit geriebenem Käse bestreuen oder Ofenkäse belegen. Im Backofen bei 180 °C etwa 30 Minuten garen. Mit gebratenen Kürbiskernen bestreuen!

Kernöl-Rührei mit Aal und Schmorgurken

400 g geräucherter Aal
750 g Schmorgurken
1 Zwiebel
1–2 Zweige Borretsch
½ Bund Schnittlauch
3–4 EL Keime und
Sprossen wie Rote Bete,
Senf, Alfalfa
8 Eier
Salz
4 EL Rapsöl
20 g Butter
frisch gem. weißer Pfeffer
50 ml trockener Weißwein
80 ml Sahne
2 EL Kürbiskernöl

Zubereitungszeit:
15 Minuten
Garzeit:
etwa 12 Minuten

Die Haut vom geräucherten Aal abziehen, die Filets herauslösen und in Stücke teilen. Die Gurken schälen, längs halbieren und in kleine Stücke schneiden. Die Zwiebel abziehen und hacken. Den Borretsch vorsichtig waschen, und die Blätter fein hacken. Schnittlauch und Sprossen waschen. Die Hälfte des Schnittlauchs fein schneiden. Die Eier aufschlagen, verrühren und salzen.
Die Hälfte des Rapsöls in einer Pfanne erhitzen. Die Butter zufügen. Die Zwiebel darin andünsten. Nach 2 Minuten die Gurken zufügen. Mit Salz und Pfeffer würzen. Den Wein angießen, 6 bis 8 Minuten kochen lassen. Mit der Sahne verfeinern und Borretschblätter sowie Schnittlauch unterrühren. Vom Herd nehmen und warm halten. Inzwischen das restliche Rapsöl in einer Pfanne erhitzen. Eier mit Aal hineingeben und bei niedriger Temperatur rührend stocken lassen.
Zusammen mit den Schmorgurken, garniert mit Sprossen und Schnittlauch auf vorgewärmte Teller geben und auftragen. Das Kürbiskernöl gesondert dazu reichen. Dazu passen Pasta, Reis oder Graupen.

Für die **Graupen** nach Risottoart 3 Esslöffel Öl erhitzen. Gehackte Zwiebel und in kleine Würfel geschnittene Kürbisstückchen darin andünsten. 200 g Graupen hinzufügen, durchschwitzen lassen und nach und nach mit 600 bis 650 ml Gemüsebrühe ablöschen. Mit Salz würzen und bei niedriger Temperatur unter häufigem Rühren 25 bis 30 Minuten garen.

Keime und Sprossen können Sie in gut sortierten Gemüsegeschäften oder im Supermarkt kaufen. Besonders Rote-Bete-Sprossen, mit ihrem leicht erdigen Geschmack und der schönen Farbe, schmücken jedes Gericht. Wer Samen selbst zum Keimen bringen möchte, genießt außer der Freude am Wachstum ein Angebot an relativ schadstofffreiem Frischgemüse. Während des Keimprozesses – in Glasgefäßen oder speziellen Keimbehältern – steigt der Vitamingehalt kräftig an. Die Samen werden im Wasser eingeweicht, dann gründlich gespült und in die vorgesehenen Behälter gefüllt, 2- bis 3-mal täglich gespült und bei Zimmertemperatur an einem hellen Ort (nicht direkt in der Sonne) aufgestellt. Nach 3 bis 7 Tagen können Sie schon ernten.

Fisch in Egusi-Kürbiskernsauce

750 g Kabeljaufilet
2 Zwiebeln
400–500 ml Fischbrühe
Salz
1 Zucchino, etwa 150 g
1 kl. rote Chilischote
75 g Egusi-Samen
75 g Kürbiskerne
125 g getrocknete Krabben
5 EL Öl
3 EL Tomatenmark
frisch gem. schwarzer Pfeffer
1 Zitrone

Zubereitungszeit:
25 Minuten
Garzeit:
etwa 20 Minuten

Das Kabeljaufilet waschen, trocken tupfen und in Würfel schneiden. Die Zwiebeln abziehen und hacken.
Den Fisch mit der Hälfte der Zwiebeln in die Fischbrühe geben und bei niedriger Temperatur knapp gar ziehen lassen, dann salzen. Den Fisch mit einer Schaumkelle herausnehmen. Inzwischen den Zucchino waschen und in kleine Würfel schneiden. Die Chilischote aufschneiden, von Samen und Zwischenwänden befreien und hacken. Egusi-Samen und Kürbiskerne im Mörser zerstoßen. Herausnehmen, die Krabben im Mörser zerstoßen und beiseite stellen.
Das Öl in einem weiten Topf erhitzen. Die restliche Zwiebel darin andünsten. Das Tomatenmark zufügen. Egusi-Samen, Kürbiskerne und Krabben zufügen. Mit der Fischbrühe aufgießen. 8 bis 10 Minuten bei niedriger Temperatur kochen lassen. Die Fischwürfel und die Zucchiniwürfel zufügen, einige Minuten erhitzen. Mit Salz und Pfeffer würzen. Mit Zitronenschnitzen garniert auftragen.
Dazu passt körnig gekochter Reis.

Egusi = Samen aus Melonen, wird auch vor allem zu Mehl vermahlen und ist in der westafrikanischen Küche eine beliebte Zutat zu Gemüsegerichten. Sollten Sie Egusi in einschlägigen Geschäften nicht erhalten, so verdoppeln Sie die Menge der Kürbiskerne oder nehmen zur Hälfte gemahlene Mandeln.

KÜRBIS-AUFLAUF MIT LAMM

1 Zwiebel
1 Knoblauchzehe
600 g Kürbisfruchtfleisch
(z. B. Marina di Chioggia, Crown Prince, Blue de Hongrie)
1–2 Zweige Rosmarin
3 EL Olivenöl
400 g Hackfleisch vom Lamm
1 EL Tomatenmark
400 g stückige Dosentomaten
125 ml Gemüsebrühe
Salz
frisch gem. schwarzer Pfeffer
1 TL Paprikapulver, edelsüß
abgeriebene Muskatnuss
1 TL getr. Oregano
2 Eier
80 g geriebener Käse wie Emmentaler

Butter für die Form

Zubereitungszeit:
15 Minuten
Garzeit:
65 Minuten

Tipp:
Aufläufe, Gratins, Soufflés und Flans sollten nie direkt auf dem Backofenboden stehen, auch nicht auf dem Backblech, sondern immer auf dem Rost.

Die Zwiebel und die Knoblauchzehe abziehen. Die Zwiebel in feine Würfel schneiden und die Knoblauchzehe zerdrücken. Das Kürbisfleisch in Würfel schneiden. Rosmarin kurz abspülen.
Das Öl in einem Topf erhitzen und das Lammhackfleisch darin unter Rühren anbraten. Die Zwiebel zufügen und einige Minuten weiterbraten. Tomatenmark, Tomaten, Rosmarin und Knoblauchzehe zufügen. Nach 5 Minuten die Brühe angießen. Mit Salz, Pfeffer, Paprikapulver, Muskatnuss und Oregano würzen.
20 Minuten bei niedriger Temperatur garen lassen.
Den Backofen auf 180 °C vorheizen. Das Kürbisfleisch zu dem Lammhackfleisch geben, weitere 5 Minuten garen. Vom Herd nehmen und etwas abkühlen lassen. Die Eier sowie die Hälfte des Käses unterrühren und abschmecken.
Eine Auflaufform mit Butter ausstreichen. Die Masse hineinfüllen und mit dem restlichen Käse bestreuen. Im Backofen auf mittlerer Schiene etwa 40 Minuten garen.

Rosmarin wurde zur Heilpflanze des Jahres 2011 erwählt. Seit Urzeiten wird der immergrüne Würzstrauch mit den blauen Blüten zu Heilzwecken und mit Vorliebe in der Küche genutzt. Ätherische Öle, Gerb- und Bitterstoffe der Blätter wirken kreislauf- und durchblutungsfördernd, zum Beispiel in einem Bad. Sein Name leitet sich von dem lateinischen ros marinus *– Meertau – ab. Der fein-bittere Geschmack harmoniert besonders gut mit Lamm und Wild, aber auch mit vielen mediterranen Gemüsegerichten. Rosmarin sollte vorsichtig dosiert werden, sein Aroma verleiht den Gerichten einen rustikalen Charakter.*

Gefüllter Spaghettikürbis

1 Spaghettikürbis von etwa 1750 g
½ Zwiebel
1 Knoblauchzehe, nach Belieben
1 Frühlingszwiebel
rote Paprikaschote
½ Bund glattblättrige Petersilie
320 g Hackfleisch, halb Rind, halb Schwein
2 Eier
20 g Mehl
Salz
frisch gem. schwarzer Pfeffer
1 TL Paprikapulver, edelsüß
½ TL Kreuzkümmel
1 EL Olivenöl

Zubereitungszeit:
15 Minuten
Garzeit:
105 Minuten

Tipps:
Es ist besser, mit dieser niedrigen Temperatur zu garen, da das Resultat butterzart ist, nicht zerfällt und samt Kürbisfleisch aus der Schale gelöffelt werden kann.

Den Spaghettikürbis abspülen, trocken tupfen und halbieren. Das geht am besten mit einem großen scharfen Messer, eventuell auch einem Elektromesser. Das faserige Innere und die Kerne aus dem Kürbis entfernen.
Ein Backblech mit Backpapier auslegen. Den Backofen auf 160 °C Ober- und Unterhitze vorheizen. Die Zwiebel und die Knoblauchzehe abziehen. Die Zwiebel fein hacken und die Knoblauchzehe zerdrücken. Die Frühlingszwiebel waschen und in feine Ringe schneiden. Die Paprikaschote von Kernen und Zwischenwänden befreien und würfeln. Die Petersilie waschen, trocken tupfen, die Blättchen von den Stielen zupfen und hacken; etwas für die Garnitur zurückbehalten.
Das Hackfleisch mit Eiern, Zwiebel, Knoblauch, Frühlingszwiebel, Paprika und Mehl vermischen und gut mit Salz, Pfeffer, Paprikapulver und Kreuzkümmel würzen.
Die beiden Kürbishälften mit dieser Hackfleischmasse füllen und auf das vorbereitete Blech legen. Die Ränder des Kürbis' mit etwas Olivenöl beträufeln und im Backofen, 2. Schiene von unten, 1 Stunde und 45 Minuten garen.

Den fertigen Auflauf mit Petersilienblättchen garnieren. Nach Belieben mit Reis servieren!

Lieben Sie die Speisen kräftiger gewürzt, dann nehmen Sie anstelle des edelsüßen Paprikapulvers eine gehackte kleine rote Chilischote und würzen zusätzlich mit etwas Tomatenmark. Vegetarier können den Kürbis mit Couscous, klein geschnittenen getrockneten Softtomaten sowie Zucchini füllen und mit geriebenem Käse bestreuen.
Seinen Namen erhielt der Kürbis durch seine spaghetti-ähnlichen Fasern, das Aroma ist nussartig.

Frikadellen auf Butternut-Scheiben

Für 8 Frikadellen

80 g Kürbisfruchtfleisch, beliebige Sorte
80 g Zucchino
3 EL Olivenöl
10 g Butter
Salz
frisch gem. schwarzer Pfeffer
1 TL Thymian
1 Zwiebel
1 Knoblauchzehe
1 kl. rote Chilischote
500 g Hackfleisch, halb Schwein, halb Rind
2 Eier
2½ EL Dinkelvollkornmehl
2½ EL Tomatenmark
1½ TL vorzugsweise geräuchertes Paprikapulver *(Pimentón ahumado)*
1½ TL Kreuzkümmel
8 Scheiben Butternut-Kürbis, 1 cm stark, aus dem langen Teil geschnitten
4 EL Rapsöl

Zubereitungszeit:
30 Minuten
Garzeit:
25 Minuten

Das Kürbisfruchtfleisch in kleine Stücke schneiden. Den Zucchino waschen und ebenfalls sehr klein schneiden. 1 Esslöffel Olivenöl in einem kleinen Topf erhitzen, die Butter zufügen und den Kürbis darin 5 Minuten andünsten. Zucchino zufügen und 3 Minuten dünsten. Mit Salz, Pfeffer und Thymian würzen. Vom Herd nehmen und abkühlen lassen. Die Zwiebel und den Knoblauch abziehen. Die Zwiebel fein schneiden und den Knoblauch zerdrücken. Die Chilischote aufschneiden, Kerne und Zwischenwände entfernen und hacken. Alle bisher genannten Zutaten mit Hackfleisch, Eiern und Dinkelmehl vermischen. Mit Tomatenmark, Salz, Pfeffer, Paprikapulver und Kreuzkümmel gut würzen. Abgedeckt 5 Minuten ruhen lassen.
Den Backofen auf 185 °C Ober- und Unterhitze vorheizen. Die Butternutscheiben auf ein mit Olivenöl eingestrichenes Blech legen, mit wenig Olivenöl beträufeln, salzen, pfeffern und im Backofen, mittlere Schiene, 20 Minuten garen.
Inzwischen aus dem Fleischteig flache Frikadellen von etwa 8 cm Durchmesser formen. In einer weiten Pfanne Rapsöl erhitzen und die Frikadellen beidseitig je etwa 10 bis 12 Minuten braten. Zum Servieren jeweils eine Frikadelle auf eine Butternut-Scheibe drapieren.

Butternut mit seinem nussig süßlichen Geschmack ist einer der beliebtesten Kürbisse, auch dank seiner Lagerfähigkeit. Das gelbe Fruchtfleisch können Sie für Rohkost, Suppen, Salate und Gemüsegerichte verwenden. Mit einem Gewicht von 1 bis 2 kg ist er besonders „familienfreundlich".

Kambodscha-Hähnchen mit Kürbis

75 g Langkornreis
1 Hähnchen
700 g Kürbis, nach dem Putzen etwa 550 g
4 Frühlingszwiebeln
100–120 g Schlangenbohnen
2–3 Knoblauchzehen
6 Kaffir-Limettenblätter
2 Stängel Zitronengras, nur das Weiße
1 kl. Stückchen Galgant
4 EL Erdnussöl
1 Liter Hühnerbrühe
Salz
frisch gem. Pfeffer
2 TL Kurkuma

Zubereitungszeit:
30 Minuten
Garzeit:
etwa 60 Minuten

Den Backofen auf 180 °C Ober- und Unterhitze vorheizen. Den Reis auf ein Backblech streuen und im Backofen, mittlere Schiene, 13 bis 15 Minuten ohne Fettzugabe rösten. Die Körner dürfen nur goldgelb werden, dann abkühlen lassen.
Inzwischen das Hähnchen in 8 Stücke teilen, waschen und trocken tupfen. Den Kürbis schälen, von Kernen und Fasern befreien und würfeln. Die Frühlingszwiebeln und Bohnen waschen. Die Frühlingszwiebeln in Ringe und die Schlangenbohnen getrennt in Stücke schneiden. Den Knoblauch abziehen und zerdrücken. Die Kaffir-Limettenblätter waschen, 3 in dünne Streifen schneiden, 3 für die Garnitur zurückbehalten. Das Zitronengras fein hacken. Galgant schälen und fein reiben. Den Reis mahlen. Das Öl in einem weiten Topf erhitzen und die Hähnchenteile darin anbraten, dabei einmal wenden. 3 Frühlingszwiebeln, Knoblauch, Kaffir-Limettenblätter, Zitronengras, Galgant zufügen und bei mittlerer Temperatur einige Minuten dünsten. Die Hühnerbrühe angießen und abgedeckt 30 Minuten garen. Den Kürbis zufügen und 5 Minuten garen. Mit Salz, Pfeffer und Kurkuma würzen. Nun die Schlangenbohnen hineingeben und weitere 15 Minuten bei mäßiger Temperatur kochen lassen.
8 Minuten vor Garende den Reis zufügen, unter Rühren fertig garen und abschmecken.

Besonders attraktiv sieht es aus, wenn Sie ein Bananenblatt, erhältlich in einem asiatischen Geschäft, in eine weite Schüssel legen und den Hähnchentopf mit Kürbis darauf anrichten. Mit der restlichen Frühlingszwiebel und den Kaffir-Limettenblättern garnieren. Zitronengras ist mehrjährig und wächst wild in dichten Büscheln in tropischen Regionen, wird aber auch in Plantagen angebaut.

Schnitzel nach Art der Steirischen Ölspur

4 dicke Kalbsschnitzel, je etwa 200 g
Salz
frisch gem. weißer Pfeffer
4 TL milder Senf
4 Scheiben gekochter Schinken, je etwa 25 g
4 Scheiben Steirischer Bergkäse
2 Eier
2 EL Mehl
100 g Kürbiskerne
5 EL Raps- oder Sonnenblumenöl
1 Zitrone

Zubereitungszeit:
20 Minuten
Garzeit:
16 Minuten

Die Kalbsschnitzel am besten schon beim Metzger mit einer Tasche versehen lassen. Die Schnitzel salzen und pfeffern, die Tasche innen mit Senf bestreichen. Eine Scheibe Schinken und eine Scheibe Käse hineinlegen und mit Rouladennadeln oder Zahnstochern verschließen.
Die Eier in einem tiefen Teller verschlagen. Einen Teller mit Mehl bereitstellen und einen weiteren mit Kürbiskernen.
Die gefüllten Schnitzel zuerst in Mehl, dann in Ei und zuletzt in den Kürbiskernen wenden. Die Kürbiskerne gut andrücken.
In einer weiten Pfanne oder 2 kleineren Pfannen das Öl erhitzen. Die Schnitzel beidseitig je etwa 6 bis 8 Minuten braten, bis sie goldgelb und durch sind.
Die Zitrone achteln. Die Schnitzel auf vorgewärmten Tellern anrichten und die Zitrone dazu legen.
Mit gedünstetem Kürbis und Kartoffeln oder Kürbis-Pastinaken-Püree servieren.
Dazu 500 g Kürbisfruchtfleisch und 500 g Pastinaken in Stücke schneiden und in 2 EL Öl und 1 EL Butter andünsten. Mit 250 ml Gemüsebrühe oder Wasser ablöschen, salzen und abgedeckt etwa 12 Minuten garen, bis das Gemüse weich ist. Mit dem Pürierstab zerkleinern. 1 EL saure Sahne und 100 g geriebenen pikanten Käse unterrühren.

Die Steirische Ölspur führt südwestlich von Graz durch blühende Landschaften, in der die Ölkürbisse vorwiegend angebaut werden. Ausgewiesene Radwege und Wanderpfade führen zu Ölmühlen, heimeligen Gasthäusern und laden zum Verweilen ein.

Schweinefilet mit Zucchini

3–4 Zucchini, etwa 600 g
1 Zweig Rosmarin
1 kl. Stange Lauch
1 Schweinefilet, etwa 550 g
2 EL Olivenöl
25 g Butter
Salz
frisch gem. schwarzer Pfeffer
½ TL getr. Thymian
100 g Crème fraîche
1 EL Tomatenmark
2 Msp. Piment

Zubereitungszeit:
15 Minuten
Garzeit:
etwa 25 Minuten

Tipp:
Für dieses Gericht können Sie auch sehr gut die schmackhaften gelben Zucchini verwenden.

Zucchini und Rosmarin waschen. Zucchini ungeschält in Stücke schneiden. Den Rosmarinzweig klein schneiden. Die Lauchstange längs aufschneiden, gründlich waschen und in Scheiben schneiden. Das Schweinefilet abspülen und trocken tupfen.
Das Öl in einer weiten Pfanne erhitzen. Die Butter zufügen. Das Schweinefilet bei mittlerer Hitze rundum etwa 10 Minuten braten. Lauch, Zucchini und Rosmarin zufügen. Mit Salz, Pfeffer und Thymian würzen. Weitere 10 Minuten garen. Crème fraîche mit Tomatenmark und Piment verrühren und zufügen, noch 5 Minuten bei niedriger Temperatur garen. Das Schweinefilet aufschneiden und mit dem Zucchinigemüse servieren. Dazu passen Stampfkartoffeln oder Kartoffelpüree.

Variante:
Sie können das Schweinefilet auch mit Olivenöl einstreichen und mit Salz, Pfeffer, Paprikapulver sowie Thymian würzen. Im vorgeheizten Backofen bei 170 °C Umluft 15 bis 18 Minuten garen.

Für die **Stampfkartoffeln** 800 g Kartoffeln waschen, schälen, halbieren und in wenig Salzwasser mit geschlossenem Deckel in etwa 20 Minuten gar kochen. Das Wasser sollte verkocht sein. Ausdampfen lassen und mit einem Kartoffelstampfer zerdrücken. Unter Rühren 250 ml Milch und 35 g Butter zufügen. Mit Salz und Muskatnuss würzen.

Achten Sie beim Kauf darauf, dass die Schale der Zucchini glatt und glänzend ist. Stumpfe und welke Schale sowie weiches Fruchtfleisch deuten auf keine frischen Früchte hin. Im Kühlschrank halten sich Zucchini etwa 1 Woche. Haben Sie eine zu reichliche Ernte oder gute Angebote, so können Sie Zucchinischeiben im Backofen bei etwa 50 °C 5 Stunden dörren. Diese getrockneten Scheiben eignen sich für Eintöpfe und Aufläufe. Geeignete Kräuter sind außer Rosmarin und Thymian auch Oregano und Liebstöckel.

Schwedisches Haschee

6 Kartoffeln
2 Zwiebeln
300 g Kürbisfruchtfleisch
200 g geräucherte Bratwurst
200 g Schinken, roh oder gekocht
1 Bd. glattblättrige Petersilie
60 g Butter
300 ml Gemüsebrühe
1 EL Öl
Salz
frisch gem. weißer Pfeffer
4 Eier

Zubereitungszeit:
15 Minuten
Garzeit:
40 Minuten

Die Kartoffeln waschen, in der Schale kochen, erkalten lassen, pellen und würfeln.
Die Zwiebeln abziehen und fein hacken. Das Kürbisfruchtfleisch in kleine Stücke schneiden. Die Bratwurst und den Schinken würfeln. Die Petersilie waschen, trocken tupfen, die Blättchen von den Stielen zupfen und hacken, etwas für die Garnitur zurückbehalten.
30 g Butter in einer weiten Pfanne erhitzen. Die Zwiebel darin 2 Minuten goldgelb andünsten. Den Kürbis zufügen und weiterdünsten. Mit Gemüsebrühe ablöschen und 10 Minuten garen. Aus der Pfanne nehmen und die Pfanne auswischen.
Öl und 20 g Butter in die Pfanne geben und Bratwurst-, Schinken- und Kartoffelwürfel darin braten. Nun die Zwiebeln mit Kürbis dazu geben, salzen, pfeffern und die Petersilie untermischen. Auf einer vorgewärmten Platte oder 4 Tellern verteilen.
Inzwischen die restliche Butter in einer zweiten Pfanne erhitzen. Die aufgeschlagenen Eier als Spiegelei braten und als Oberstes auf die Platte geben. Mit der restlichen Petersilie garnieren.

Dieses leckere Gericht, zu dem am besten ein Bier passt, weicht etwas von dem Original „Pytt i Panna" ab. Mir hat es in Schweden, auf diese Art zubereitet, besonders gut gemundet.
Sollten Sie Fleischreste vom Vortag haben, so können Sie diese zusätzlich mit untermischen.

Kürbis aus dem Ofen

1 kleiner Hokkaido,
800–900 g
40 g Kürbiskerne aus der
Steiermark
60 g Butter
Salz
2 EL Ahornsirup nach
Belieben
250–300 ml Gemüsebrühe
3–4 Sternanise

Zubereitungszeit:
6 Minuten
Garzeit:
50 Minuten

Tipp:
Den Kürbis einmal längs und einmal quer halbieren, und zwar mit einem großen Zackenmesser. Eventuell dies auch schon beim Gemüsehändler erledigen lassen.

Den Kürbis waschen und in 4 Stücke teilen. Die Kerne und Fasern mit einem Löffel herauskratzen. Die Kürbiskerne hacken, mit der Butter verkneten und salzen.
Den Backofen auf 185 °C Ober- und Unterhitze vorheizen.
Den Kürbis in eine tiefe Auflaufform legen. Mit Ahornsirup beträufeln und die Kürbiskernbutter darüber verteilen. Die Gemüsebrühe angießen, Sternanise zufügen und die Form mit Alufolie abdecken.
Im Backofen, 2. Schiene von unten etwa 50 Minuten garen, bis der Kürbis weich ist.
Nach Belieben mit Wildschinken oder Wildfrikadellen servieren oder ganz festlich mit extra gegarter Wildschweinkeule.
Für die **Wildfrikadellen** 1 Zwiebel abziehen und fein hacken. 200 g Pfifferlinge putzen und klein schneiden. 3 EL Öl erhitzen und die Pfifferlinge darin kurz scharf anbraten. Die Hitze zurückstellen und die Zwiebel zufügen. Einige Minuten braten lassen und vom Herd nehmen. Mit 500 g Wild-Hackfleisch vermischen. 2 Eier aufschlagen und mit 40 g Weizenmehl zufügen. 2 bis 3 Zweige Petersilie hacken und hineingeben. Gut mit Majoran, Thymian, Piment, Salz und Pfeffer würzen. 5 Minuten abgedeckt ruhen lassen.
Aus dem Fleischteig 8 flache Frikadellen formen. Öl in einer großen Pfanne erhitzen und die Frikadellen beidseitig 12 Minuten bei mäßiger Temperatur braten.

Die achtarmig sternförmigen, attraktiven Fruchtkapseln eines südchinesischen immergrünen Magnolienbaums sind unter dem Namen Sternanis bekannt. Botanisch haben sie nichts mit dem Anissamen zu tun, enthalten aber das gleiche ätherische Öl Anethol. So wirkt der süße Geschmack von Sternanis wie eine Mischung von Anis, Fenchel und ein wenig Lakritz. Sternanis ist Bestandteil einiger Würzmischungen, beispielsweise des Chinesischen-Fünf-Gewürz-Pulvers. Es verleiht vielen asiatischen und orientalischen Gerichten mit Meeresfrüchten, Fisch, Geflügel, Fleisch und Gemüsen, auch Fruchtsuppen, Desserts, Brötchen, Apfeltorten, Weihnachtsgebäck, Konfitüren, Punsch und Glühwein einen starken, exotisch-fremdartigen Geschmack.

Gefüllte Hirschkeule

Für 2–3 Portionen

Für die Füllung:
100 g Kürbisfruchtfleisch
½ braune Zwiebel
50 g Bauchspeck
½ EL Olivenöl
10 g Butter
75 ml Gemüsebrühe
Salz
frisch gem. schwarzer Pfeffer
2 Msp. Oregano
2 EL gehackte oder gemahlene Kürbiskerne
1 EL Semmelbrösel
1 kleines Ei

500 g Hirschkeule
1 rote Zwiebel
3 EL Rapsöl
175–200 ml Wildfond
1 Zweig Rosmarin
10 g Mehl
15 g Butter
3 EL Portwein
2 EL Crème fraîche nach Belieben
½ Granatapfel

Zubereitungszeit:
25 Minuten
Garzeit:
etwa 65 Minuten

Das Kürbisfruchtfleisch in sehr kleine Würfel schneiden. Die Zwiebel abziehen und hacken. Den Bauchspeck ebenfalls sehr klein würfeln.
½ Esslöffel Olivenöl in einem kleinen Topf erhitzen. Die Butter zufügen. Kürbis mit Zwiebel und Bauchspeck hineingeben und 5 Minuten unter Rühren leicht braten. Die Gemüsebrühe angießen, noch 2 Minuten garen. Mit Salz, Pfeffer und Oregano würzen. Vom Herd nehmen. Kürbiskerne und Semmelbrösel hineinrühren. Das Ei verschlagen und untermischen.
Den Backofen auf 185 °C Ober- und Unterhitze vorheizen.
Das Fleisch waschen und trocken tupfen. Mit einem scharfen, spitzen Messer eine Tasche in die Hirschkeule schneiden oder dies schon beim Kauf erledigen lassen. Die Füllung hineingeben und mit Küchengarn verschließen. Die rote Zwiebel abziehen und in Halbringe schneiden. Das Rapsöl in einem kleinen Bräter oder einer Pfanne mit feuerfesten Henkeln auf dem Herd erhitzen. Die Hirschkeule einige Minuten beidseitig auf dem Herd anbraten. Die Zwiebel zufügen und einige Minuten weiterbraten. Jetzt erst mit Salz und Pfeffer würzen. Mit dem Wildfond ablöschen, den Rosmarinzweig zufügen und in den Backofen für 50 bis 55 Minuten stellen, bis das Fleisch gar ist. Die Garflüssigkeit abgießen und durch ein Sieb streichen. Mehl mit Butter verkneten, hineingeben und einige Minuten kochen lassen. Nach Belieben mit Portwein und Crème fraîche verfeinern, mit Salz und Pfeffer gut abschmecken. Die Hirschkeule aufschneiden. Die Scheiben auf einer Platte anrichten und mit Granatapfelkernen garnieren.

Ein festliches Essen! Dazu passen Schupfnudeln und Kastanien. Sowie ein Blauer Zweigelt, ein Wein aus Niederösterreich.

Vegetarische Genüsse

Kürbis-Kartoffelsalat mit Eiern

700 g Kartoffeln
700 g Kürbisfruchtfleisch wie Butternut, aber auch Langer aus Nizza oder Roter Hokkaido
300 ml Gemüsebrühe
Salz
frisch gem. schwarzer Pfeffer
abgeriebene Muskatnuss
3 Sternanise
4 Eier
3 EL Apfelessig
2 TL Honigsenf
5 EL Olivenöl
2 EL Kürbiskernöl, nach Belieben
Rote-Bete-Sprossen zum Garnieren

Zubereitungszeit:
25 Minuten
Garzeit:
etwa 40 Minuten

Die Kartoffeln waschen und ungeschält mit Wasser in einen Topf geben, 30 bis 35 Minuten kochen, bis sie weich sind. Die Kartoffeln abgießen und erkalten lassen.
Den Backofen auf 185 °C vorheizen. Das Kürbisfruchtfleisch in große Segmente schneiden, in eine tiefe Auflaufform geben, mit der Gemüsebrühe übergießen, mit Salz, Pfeffer und Muskatnuss würzen. Sternanise zufügen und abgedeckt etwa 40 Minuten garen.
Die Kartoffeln pellen und in Scheiben schneiden. Die Eier hart kochen und abschrecken. Das Kürbisfruchtfleisch in mundgerechte Stücke schneiden. Apfelessig, Honigsenf, Salz und Pfeffer verrühren. Einige Löffel Gemüsebrühe zufügen. Das Olivenöl nach und nach zugeben. Vorsichtig mit allen Zutaten, bis auf die Eier vermischen. Die Eier längs halbieren und auf dem Salat anrichten.
Etwas durchziehen lassen. Mit Kürbiskernöl beträufeln.
Mit Rote-Bete-Sprossen garnieren.

*Alternativ sehen auch Kapuziner-Kresse-Blüten sehr schön aus. Vielleicht haben Sie einen Garten und können diese ernten, sie sind essbar.
Es gibt unter den Butternut-Kürbissen viele Varietäten, wie z. B. die Sorten Early Butternut, Trombetta di Albenga, Zenith, Avalon, Ultra Butternut, Zahra und Sonca, eine ungarische Sorte. Sie besticht durch ihren reinen und frühen Ertrag mit 1 bis 1,5 kg.*

Acorn Squash mit Beluga-Linsen

125 g Beluga-Linsen
1 Acorn Squash von
etwa 1 kg
2 EL Olivenöl
30 g Butter
25 g brauner Rohrzucker
3–3½ EL roter
Balsamico-Essig
Salz
frisch gem. schwarzer
Pfeffer
1–2 Zweige Majoran

Zubereitungszeit:
10 Minuten
Garzeit:
30 Minuten

Die Beluga-Linsen im Sieb kurz abbrausen. Zusammen mit 200 ml Wasser in einen kleinen Topf geben und bei niedriger Temperatur 30 Minuten garen. Das Wasser sollte fast verkocht sein. Inzwischen den Acorn Squash waschen, trocken tupfen und quer in 4 etwa 1½ cm dicke Scheiben schneiden. Das faserige Innere und die Kerne aus dem Kürbis entfernen. Das Olivenöl in einer möglichst beschichteten Pfanne erhitzen, die Hälfte der Butter zufügen und die Scheiben beidseitig bei niedriger Temperatur 15 bis 20 Minuten braten, bis sie weich sind.

Den braunen Rohrzucker mit Butter in einen Topf geben und karamellisieren, dabei aufpassen, dass der Karamell nicht zu dunkel wird. Mit dem roten Balsamico-Essig ablöschen, aufkochen und mit den Linsen vermischen. Mit Salz und Pfeffer gut würzen, bei Bedarf noch etwas Balsamico-Essig zufügen. Den Majoran waschen, die Hälfte klein schneiden und untermischen. Die Kürbisscheiben mit den Beluga-Linsen und dem restlichen Majoran dekorativ anrichten!

Ein feines vegetarisches Hauptgericht!
Wer auf Fleisch nicht verzichten möchte, kann Schinkenröllchen dazulegen.
Acorns, Eichelkürbisse, erfreuen sich mit ihrem nussartigen, pfeffrigen Geschmack besonders in Amerika großer Beliebtheit. Sie können sowohl grün, gelb als auch weiß sein und sehen besonders attraktiv aus.
In Amerika wird nach praktischen Gesichtspunkten unterschieden. So werden die Speisekürbisse in Sommer- und Winterkürbisse (Squashs) unterteilt. Dann folgen die Zierkürbisse, als 3. die Halloweens zum Schnitzen und Essen und als letztes die Kalebassen (Flaschenkürbisse), die eigentlich botanisch gesehen nicht zur Gattung Kürbisse gehören.

Kürbis und Pilze in Pergamentpapier

600 g Kürbisfruchtfleisch
350 g braune Champignons
2 kl. frische, rote Chilischoten
4 Zweige glattblättrige Petersilie
6 EL Olivenöl
Salz
frisch gem. schwarzer Pfeffer

außerdem 4 Blatt Pergament- oder Backpapier

Zubereitungszeit:
25 Minuten
Garzeit:
20–25 Minuten

Tipp:
Dazu passt Couscous oder nur einfach ein kräftiges Brot!

Den Backofen auf 180 °C Ober- und Unterhitze vorheizen. Pergamentpapier oder Backpapier in der Größe von etwa 30 x 40 cm bereitlegen.
Das Kürbisfruchtfleisch in kleine Stücke schneiden. Die Champignons putzen und in Scheiben schneiden. Die Chilischoten aufschneiden, von Kernen und Zwischenwänden befreien und hacken. Die Petersilie waschen, trocken tupfen, die Blättchen von den Stielen zupfen und hacken. Das Papier mit Olivenöl einstreichen. Kürbis, Pilze und Chilischote darauf verteilen. Mit Salz und Pfeffer würzen und mit Olivenöl beträufeln. Die Päckchen gut verschließen und auf ein Backblech legen. Im Backofen, mittlere Schiene, 20 bis 25 Minuten garen, je nach Größe der Kürbisstücke und der Art des Kürbis'. Wenn Sie Zeit und Lust haben stellen Sie noch eine **Aioli** her: Dazu 2 Eigelbe mit 2 gepressten Knoblauchzehen, 2 Teelöffeln Senf und Salz verrühren. 130 ml Olivenöl zuerst tropfenweise, dann in dünnem Strahl zugeben. Mit Pfeffer abschmecken.

Kürbis und Pilze gehen hier eine gelungene Verbindung ein, egal welche Kürbissorte Sie wählen. Die Chilischoten geben die nötige Würze. Ein Gericht, das nicht nur Vegetariern schmeckt.
Champignons sind weltweit die meistangebotenen Pilze mit ca. 1 Million Tonnen pro Jahr. Besonders in Frankreich findet man kalkhaltige Stollen mit feuchtem Klima; so haben sie die besten Voraussetzungen – und uns stehen sie das ganze Jahr zur Verfügung.
Haben Sie zu viele rote Chilischoten? Sie können diese in ein offenes Glas geben und trocknen lassen. Anschließend abgezogene Knoblauchzehen sowie abgeriebene Zitronenschale zufügen, mit Olivenöl übergießen und durchziehen lassen. So haben Sie immer ein pikantes Öl zur Hand.

Dinkelnudeln unter der Kürbishaube

400 g Dinkel-Vollkorn-
nudeln
Salz
400 g Kürbisfruchtfleisch,
vorzugsweise Hokkaido
oder Sweet Dumpling
1–2 Zucchini, etwa 200 g
frisch gem. schwarzer
Pfeffer
abgeriebene Muskatnuss
1 TL Thymian
40 g Butter
25 g Mehl
350 ml Gemüsebrühe
100 g Crème fraîche
3 große Eier
40 g geriebener Parmesan

Butter für die Auflaufform

Zubereitungszeit:
20 Minuten
Garzeit:
45 Minuten

Tipp:
Den Hokkaido vor Gebrauch nur gut waschen und ungeschält in den Dampfeinsatz geben.

Die Nudeln in kochendes Wasser geben, salzen und bissfest kochen, je nach Hersteller etwa 10 Minuten. Die Nudeln abschrecken. Inzwischen das Kürbisfruchtfleisch in große Stücke schneiden, in den Dampfeinsatz des Topfes geben, etwa 12 Minuten garen, bis der Kürbis weich ist. Nach der Hälfte der Garzeit die gewaschenen und längs halbierten Zucchini mit hineingeben. Das Kürbisfruchtfleisch pürieren, mit Salz, Pfeffer und Muskatnuss gut abschmecken. Die Zucchini feinstreifig schneiden. Mit Salz, Pfeffer und Thymian würzen.
Eine Auflaufform mit Butter ausstreichen.
Butter in einem Topf zerlassen, das Mehl hineinschütten, durchschwitzen lassen und unter Rühren mit der Gemüsebrühe ablöschen. 8 Minuten bei mäßiger Temperatur und häufigem Rühren kochen lassen. Mit Crème fraîche verfeinern, salzen und pfeffern. Vom Herd nehmen, Nudeln sowie Zucchini untermischen und in die Auflaufform geben.
Den Backofen auf 190 °C Ober- und Unterhitze vorheizen.
Die Eier trennen. Das Eiweiß mit Salz steif schlagen. Die Eigelbe mit dem Kürbismus verrühren und das Eiweiß mit dem Parmesan unterheben. Auf die Nudeln streichen und in den Backofen, mittlere Schiene, für etwa 25 Minuten geben.

*D*inkel*, auch unter dem Namen Spelz, Fesen, Vesen, Schwabenkorn bekannt, ist eine Spelzweizenart und Vorläufer des Weizens. Schon von den frühen Kulturen Vorderasiens angebaut, kam er erst spät nach Mitteleuropa. Er gedeiht gut auf kargen, kalkreichen Böden und seine Erträge lassen sich durch Kunstdünger nicht steigern. Das macht ihn so beliebt im Bio-Anbau. Er besitzt wegen des hohen Klebereiweißgehaltes sehr gute Backeigenschaften und sein gesundheitlicher Wert ist enorm, da der Anteil an Mineralstoffen wie Eisen, Magnesium, Kalium, Kalzium und Phosphor höher ist als bei den meisten anderen Getreidearten. Wie sagte noch die Ordensfrau Hildegard von Bingen: „Das beste Getreide; es verschafft dem, der es isst, ein rechtes Fleisch und bereitet ihm ein gutes Blut. Die Seele des Menschen macht es froh und voll Heiterkeit."*

Tofu-Kürbispfanne

750 g Kürbisfruchtfleisch
2 Lauchstangen
400 g Tofu
2–3 Zweige frischer Thymian,
ersatzweise ½ TL getr. Thymian
3 EL Sojaöl
30 g Butter
250 ml Gemüsebrühe
Salz
frisch gem. schwarzer Pfeffer
3 EL gemahlene Kürbiskerne
4 EL Kürbiskernöl
4 EL Sojasauce

Zubereitungszeit:
20 Minuten
Garzeit:
15–20 Minuten

Das Kürbisfruchtfleisch in mundgerechte Stücke schneiden. Den Lauch längs aufschneiden, gründlich waschen und in schmale Ringe schneiden. Den Tofu würfeln. Den Thymian waschen, trocken tupfen und die Blättchen von den Stielen zupfen.
Das Sojaöl in einer weiten Pfanne erhitzen. Die Butter zufügen. Den Kürbis hineingeben und einige Minuten leicht anbraten. Den Lauch zufügen, weiter leicht braten und mit der Brühe ablöschen. Mit Salz und Pfeffer würzen. 10 Minuten unter Rühren garen, bis der Kürbis weich, aber noch bissfest ist. Kurz vor Ende der Garzeit Tofu und Thymian zufügen.
Mit den gemahlenen Kürbiskernen bestreut servieren.

Kürbiskernöl mit Sojasauce verrühren und extra dazu reichen!

Nach Belieben können Sie zur Abwechslung auch folgenden Dip servieren:
2 EL Sojasauce und 1–2 EL Chiliöl verrühren, eventuell etwas erwärmen. Mit Szechuanpfeffer würzen und mit Essig und Zucker abschmecken.

*S*zechuan, auch Sichuan, ist eine südwestchinesische Provinz, berühmt und bekannt für ihre Vorliebe für süßsaure Gewürze. Der Pfeffer wird aus den getrockneten Samenschalen eines Pfefferstrauchs hergestellt. Sein Geschmack ist eher säuerlich und beißend aromatisch als pfeffrig.
Sowohl Kürbis als auch Tofu vertragen sich mit aromatischen Gewürzen und Kräutern. Sie können den Thymian durch andere frische Kräuter ersetzen.

Kürbis und Zucchini vom Blech

Im Backofen, mittlere Schiene, 45 bis 55 Minuten garen. Stangenbrot oder Baguettebrötchen dazu reichen.

Für Vegetarier ist dies ein leckeres, vollwertiges Essen. Liebhaber von Fisch und Fleisch, zum Beispiel in einer größeren Runde, ergänzen das Ganze mit gegrillten Steaks, Hackfleischbällchen oder Fischfrikadellen.

650 g Kürbis, nach dem Putzen etwa 500 g
2 Zucchini, etwa 300 g
1 rote Zwiebel
2 große Tomaten
250 g Pilze, Champignons, Steinpilze oder Kräuterseitlinge
Salz
frisch gem. schwarzer Pfeffer
1½–2 TL Kräuter der Provence
3 EL Olivenöl
300 g Feta, Schafkäse

Butter für das Blech

Zubereitungszeit:
30 Minuten
Garzeit:
45–55 Minuten

Den Kürbis schälen, von Kernen und Fasern befreien. Die Zucchini waschen und ungeschält in Scheiben schneiden. Die Zwiebel abziehen, halbieren und in dünne Halbringe schneiden. Die Tomaten waschen, vom Stielansatz befreien und in Scheiben schneiden. Die Pilze putzen und in Scheiben schneiden.
Den Backofen auf 185 °C vorheizen.
Das Backblech mit Butter ausstreichen. Kürbis, Zucchini und Zwiebel gleichmäßig darauf verteilen. Auf die eine Hälfte des Blechs Tomaten geben, auf die andere Hälfte die Pilze. Alles mit Salz, Pfeffer und Kräutern der Provence würzen und mit Olivenöl beträufeln. Den Feta zerkrümeln und über alles streuen.

WÜRZIGE KRAFTPAKETE

RUSSISCHE KÜRBIS-
PFANNKUCHEN
800 g Kürbisfruchtfleisch
175 g Mehl
1 TL Backpulver
3 Eier
Salz
4 EL Sonnenblumenöl
25 g Butter
4 EL Kürbiskerne
200 g saure Sahne

Zubereitungszeit:
15 Minuten
Garzeit:
etwa 10 Minuten

KÜRBIS-ZUCCHINI-
PUFFER
200 g Kürbisfruchtfleisch
150 g Zucchini
2 große Eier
3–4 EL Dinkelmehl
Salz
frisch gem. schwarzer
Pfeffer
½ TL gem. Kreuzkümmel
3 Msp. Cayennepfeffer
2–3 EL Olivenöl
2–3 EL Erdnussöl

Zubereitungszeit:
15 Minuten
Garzeit:
10 Minuten

RUSSISCHE
KÜRBIS-PFANNKUCHEN
Das Kürbisfruchtfleisch auf der Reibe raffeln. Das Mehl mit Backpulver vermischen und untermengen. Die Eier zufügen, salzen und alles gut verrühren. Sonnenblumenöl in einer weiten Pfanne erhitzen. Die Butter zufügen. Kürbismasse hineingeben und beidseitig in etwa 5 Minuten zu Pfannkuchen braten, bis sie goldgelb sind. Auf vorgewärmte Teller geben.
Die Kürbiskerne in einer trockenen Pfanne leicht rösten und darüber streuen. Saure Sahne gesondert dazu reichen.

KÜRBIS-ZUCCHINI-PUFFER
Das Kürbisfruchtfleisch reiben. Zucchini waschen und mit der Schale reiben. Beides mit Eiern und Dinkelmehl verrühren. Mit Salz, Pfeffer, Kreuzkümmel und Cayennepfeffer gut würzen. Olivenöl und Erdnussöl in einer weiten Pfanne erhitzen. Mit einem Esslöffel das Kürbis-Zucchini-Gemisch hineingeben und zu Puffern formen. Beidseitig bei mäßiger Temperatur etwa 5 Minuten braten. Herausnehmen und auf Küchenpapier das überschüssige Fett abtropfen lassen. Dies eventuell wiederholen.

Dazu passt ein Joghurt-Dip:
200 g Joghurt mit 2 EL Kürbiskernöl und 2 EL gehackten Kürbiskernen verrühren. Mit Salz, Pfeffer und nach Belieben mit etwas durchpresstem Knoblauch würzen.
Alternativ 200 g Kefir mit frisch gehackten Kräutern wie Basilikum, Petersilie, Estragon und/oder Schnittlauch verrühren und mit Salz, Pfeffer und Curry würzen. Dank ihres Vitaminreichtums sowie Eisen- und Kalziumgehalts ergibt dies ein gesundes und geschmackvolles Gericht – optimal ergänzt durch einen frischen Blattsalat.

Kürbis-Mangold-Pfanne

700 g Kürbisfruchtfleisch
400 g Mangold
4 EL Sojaöl
20 g Butter
200 ml Gemüsebrühe
Salz
frisch gem. schwarzer Pfeffer
abgeriebene Muskatnuss
70 g Kürbiskerne
Sojasauce

Zubereitungszeit:
30 Minuten
Garzeit:
etwa 15 Minuten

Info/Tipp:
Sojaöl wird durch Extraktion aus der Sojabohne gewonnen.

Das Kürbisfruchtfleisch in Stücke oder Scheiben schneiden. Mangold gründlich waschen. Die Stiele in Scheiben, die Blätter in Streifen schneiden.
Das Sojaöl in einer weiten Pfanne erhitzen. Die Butter zufügen. Kürbisfruchtfleisch hineingeben, einige Minuten leicht anbraten, dann die Mangoldstiele zufügen und weiterbraten. Nun die Blätter hinzugeben, mit Gemüsebrühe ablöschen und mit Salz, Pfeffer und Muskatnuss würzen. 8 bis 10 Minuten garen, bis der Kürbis weich, aber noch bissfest ist. Die Kürbiskerne in einer trockenen beschichteten Pfanne leicht rösten und darüber streuen. Mit Udonnudeln oder Reis auftragen. Sojasauce dazu stellen!

Variante:
Sollten Reste übrig bleiben, können Sie diese am nächsten Tag verändert servieren: Dazu 4 Eier mit geriebenem Käse verrühren, mit Cayennepfeffer würzen und über den restlichen Pfanneninhalt gießen. Abgedeckt stocken lassen.

Die herb-würzigen Blätter und die mild-aromatischen Stiele des Mangolds sind äußerst gesund. Sie enthalten Vitamine A, C sowie Niacin, Kalium, Kalzium, Phosphor, Eisen. Da die Stiele eine etwas längere Garzeit benötigen als die Blätter, ist es günstig, diese einige Minuten vorher in die Pfanne zu geben. Mit Udon-Nudeln oder einer anderen Pasta-Sorte servieren. Udon-Nudeln sind aus Weizenmehl hergestellt. Sie werden dünn, aber auch rund und flach angeboten. Ein buddhistischer Priester soll sie schon im 9. Jahrhundert aus China nach Japan mitgebracht haben. Stellen Sie einfach ein Dip-Schälchen mit Sojasauce dazu.

Bibeleskäs-Terrine mit Steinpilz-Salat

Für die Bibeleskäs-Terrine:
500 g Quark, Magerstufe
4–5 Stängel glattblättrige
Petersilie
3 Stängel Kerbel
3 Stängel Koriander
½ unbehandelte Zitrone
1 TL Öl für die Form
200 ml Sahne
5 Blatt weiße Gelatine
Salz
frisch gem. schwarzer
Pfeffer
etwa 1 TL Zucker

Für den Kürbis-Steinpilz-Salat:
1 rote Zwiebel
500 g Kürbis
300 g Steinpilze
4 EL Olivenöl
100 ml trockener
Weißwein
Salz
frisch gem. schwarzer
Pfeffer
einige Korianderblättchen
2 EL Kürbiskernöl

Zubereitungszeit:
35 Minuten
Kühlzeit der Terrine:
etwa 4 Stunden
Garzeit:
etwa 18 Minuten

Den Quark in einem Sieb abtropfen lassen. Die Kräuter waschen, trocken tupfen, die Blättchen von den Stielen zupfen und hacken. Die Schale der Zitrone abreiben und den Saft auspressen. Eine Terrinenform mit Öl ausstreichen und Klarsichtfolie auslegen.
150 ml Sahne steif schlagen.
Die Gelatine in kaltem Wasser einweichen. Den Quark mit den Kräutern mischen. Die Sahne unterziehen. Mit 2 bis 3 TL Zitronensaft, Zitronenschale, Salz, Pfeffer und Zucker abschmecken. Die restliche Sahne leicht erhitzen und die Gelatine darin auflösen. Mit einem Teil des Quarks vermischen, dann den restlichen Teil zufügen, in die Terrine füllen und glatt streichen. Abgedeckt am besten über Nacht im Kühlschrank fest werden lassen.
Für den **Kürbis-Steinpilz-Salat** die Zwiebel abziehen und fein schneiden. Den Kürbis schälen, Kerne und faseriges Fleisch entfernen und würfeln. Die Steinpilze putzen und in Scheiben oder Stücke schneiden.
Das Olivenöl in einer weiten Pfanne erhitzen. Kürbis und Zwiebel hineingeben und unter Rühren andünsten. Nach etwa 8 Minuten die Steinpilze zufügen und 2 Minuten braten. Mit dem Weißwein ablöschen, salzen, pfeffern und 5 Minuten garen, bis der Kürbis weich ist.
Vom Herd nehmen, erkalten lassen, die Korianderblättchen zufügen und abschmecken.
Die Bibeleskäs-Terrine aus der Form stürzen, die Folie entfernen und auf einer großen Platte mit dem Kürbis-Steinpilz-Salat servieren. Den Salat mit Kürbiskernöl beträufeln.

Tipp:
Für dieses traditionelle badische Gericht können Sie anstelle von Petersilie, Kerbel und Koriander auch Schnittlauch und fein geschnittene Zwiebelwürfel verwenden.

Kürbis und Pfifferlinge in Mangold-Crêpes

Für 4 Crêpes von
20–22 cm Durchmesser

Für den Crêpeteig:
100 g Mehl,
Type 405 oder 550
1 Ei
Salz
1 EL Öl
200 ml Milch

4 schöne Mangoldblätter

25 g Butter für die
Crêpepfanne

Für die Füllung:
1 Schalotte
1 Knoblauchzehe
100 g Kürbisfruchtfleisch,
möglichst Muscade de
Provence
125 g Pfifferlinge
1 kl. Bund Schnittlauch
1½ EL Olivenöl
20 g Butter
1 TL Mehl
100 ml Sahne
Salz
frisch gem. Pfeffer
1 TL getr. Kräuter der
Provence

Zubereitungszeit:
18 Minuten
Garzeit:
etwa 15 Minuten

Das Mehl in eine Schüssel geben. In die Mitte eine Vertiefung drücken. Ei, Salz und Öl hineingeben. Die Milch unter Rühren angießen. Ruhen lassen, bis die Füllung hergestellt ist.
Die Mangoldblätter vorsichtig waschen. Die Stiele abschneiden, klein schneiden und beiseite legen. Die Mangoldblätter in kochendes Salzwasser legen, herausnehmen und in Eiswasser abschrecken. Auf Küchentüchern ausbreiten und trocken tupfen.
Die Schalotte und die Knoblauchzehe abziehen. Die Schalotte würfeln und die Knoblauchzehe zerdrücken. Das Kürbisfruchtfleisch in kleine Stücke schneiden. Die Pilze putzen und klein schneiden. Den Schnittlauch waschen und in Röllchen schneiden.
Das Öl in einer Pfanne erhitzen. Die Butter zufügen. Das Kürbisfruchtfleisch mit Mangoldstielen hineingeben und 5 Minuten anbraten. Pfifferlinge, Schalotte und Knoblauch zufügen und weitere 3 Minuten braten. Mit Mehl bestauben, 1 Minute durchschwitzen lassen und mit der Sahne ablöschen. Mit Salz, Pfeffer und Kräutern der Provence würzen. Etwa 5 Minuten bei niedriger Temperatur garen.

Den Schnittlauch zufügen und warm halten.
Butter in der erhitzten Crêpepfanne zerlaufen lassen. Ein Mangoldblatt hineingeben, etwas Crêpeteig einfüllen. Durch Drehen der Pfanne den Teig verteilen. Nach etwa 1 Minute wenden und fertig stellen. Warm halten! Wiederholen, bis der Teig verbraucht ist. Die Füllung auf eine Hälfte der Crêpe geben und die zweite Hälfte über die Füllung klappen.
Auf vorgewärmten Tellern servieren!

Mangold gibt es mit weißen oder rötlichen, dann etwas aromatischeren Stielen und Blättern. Blattmangold hält sich im Gemüsefach des Kühlschranks 2 bis 3 Tage.
Die Mangoldstiele können Sie dünsten und für ein weiteres Gericht verwenden.

KÜRBISKERNBUTTER, KLÖSSCHEN UND PILZE

Für die Kürbiskernbutter:
40 g Kürbiskerne
50 g Butter
Salz
2 Msp. unbehandelte abgeriebene Zitronenschale

Für die Pilze:
600 g Champignons oder Semmelstoppelpilze
1 Zwiebel
1 Mohrrübe
2 EL Rapsöl
20 g Butter

Für die Kürbisklößchen:
250 g Kürbisfruchtfleisch
2 EL Olivenöl
Salz
2 Zweige glattblättrige Petersilie
350 g Mehl
2 Eier
abgeriebene Muskatnuss

Zubereitungszeit:
35–40 Minuten
Garzeit:
etwa 45 Minuten

Zunächst die Kürbiskernbutter herstellen. Dazu die Kürbiskerne hacken, mit Butter, Salz und Zitronenschale verkneten und kühl stellen.
Die Pilze putzen und bereitstellen. Die Zwiebel abziehen und würfeln. Die Mohrrübe waschen, schaben und in kleine Stücke schneiden.
Für die Klößchen das Kürbisfruchtfleisch in Würfel schneiden. Olivenöl in einem Topf erhitzen, den Kürbis salzen und hineingeben. Bei niedriger Temperatur 15 bis 20 Minuten garen, bis er weich ist. Durch ein Sieb passieren, etwas abkühlen lassen. Die Petersilie waschen, trocken tupfen, die Blättchen von den Stielen zupfen und hacken.
Das Kürbismus mit Mehl und Eiern verrühren. Die Petersilie untermischen und mit Salz sowie Muskatnuss würzen.
Wasser in einem genügend großen Topf erhitzen, salzen und von der Kürbismasse mit einem Esslöffel Klößchen abstechen. Im siedenden Wasser ziehen lassen, bis sie an die Oberfläche kommen. Mit einer Schaumkelle herausnehmen und die Kürbiskernbutter darüber zerlaufen lassen, warm halten.
Das Rapsöl in einer weiten Pfanne erhitzen. Die Butter zufügen. Zwiebel, Mohrrübe und Pilze hineingeben und 15 Minuten dünsten, hin und wieder rühren.
Kürbisklößchen mit Pilzen auf vorgewärmten Tellern servieren! Dazu mundet ein leichter Rotwein.

Wenn Sie Glück haben und Semmelstoppelpilze erwischen, dann greifen Sie zu. Auch eine Mischung aus unterschiedlichen Waldpilzen ist eine willkommene Abwechslung. Beim Kauf achten Sie darauf, dass die Pilze noch frisch und prall sind. Sie sollten zügig verbraucht werden, je frischer sie sind, desto besser schmecken sie. Pilze sollten maximal 1 bis 2 Tage kühl lagern. Sie liefern uns einen hohen Gehalt an Eiweiß, Vitaminen vor allem der B-Gruppe sowie Mineralstoffe. Zusammen mit den Kürbiskernklößchen sind sie eine besonders gelungene Verbindung.

Chili für Vegetarier

2 rote Zwiebeln
2 Knoblauchzehen
2 Stangen Staudensellerie
2 Mohrrüben, 2 gelbe,
1 grüner Zucchino
1 Squash, etwa 600 g
10 braune Champignons
3 Tomaten
3 Zweige glattblättrige
Petersilie
4 EL Olivenöl, Salz
schwarzer Pfeffer
2 EL Chilipulver
je 1 TL Cayennepfeffer,
Kreuzkümmel, getr.
Basilikum, getr. Oregano
½ TL getr. Thymian
je 1 kl. Dose gek. Tomaten,
Lima-Bohnen, Kidney-
Bohnen, Mais
2 EL Tomatenmark
1 Liter Gemüsebrühe
250 ml Rotwein

Für die Garnitur:
2 Schalotten
3 Jalapeño-Schoten
75 g Hartkäse
150–200 g saure Sahne

Zubereitungszeit:
35 Minuten
Garzeit:
etwa 75 Minuten

Tipp:
Getrocknete Bohnenkerne am Vorabend einweichen und separat etwa 1 Stunde garen.

Die Zwiebeln und die Knoblauchzehen abziehen. Die Zwiebeln würfeln und die Knoblauchzehen zerdrücken. Das Gemüse und die Kräuter waschen und trocken tupfen. Staudensellerie, Mohrrüben, Zucchini und Squash putzen und in Scheiben schneiden. Die Champignons putzen und ebenfalls in Scheiben schneiden. Die Tomaten über Kreuz einritzen, in kochendes Wasser geben, abschrecken, den Stielansatz entfernen, Früchte häuten und hacken.
Das Olivenöl in einem weiten Topf erhitzen. Die Zwiebeln darin einige Minuten glasig braten. Staudensellerie und Mohrrüben zufügen. Nach 3 Minuten mit Salz, Pfeffer, Chilipulver, Cayennepfeffer und Kreuzkümmel würzen, ebenso Basilikum, Oregano und Thymian zufügen und etwas durchschwitzen lassen.
Nun die Champignons, Squash und Zucchini und nach weiteren 5 Minuten frische und Dosen-Tomaten, Lima- und Kidney-Bohnen sowie den Mais in den Topf geben. Tomatenmark hineinrühren und die Gemüsebrühe sowie den Wein angießen. 1 Stunde bei sehr niedriger Temperatur kochen lassen. Die Petersilie waschen, hacken und unterrühren.

Inzwischen die Schalotten abziehen und sehr fein schneiden. Die Jalapeño-Schoten hacken. Den Käse reiben und mit der sauren Sahne extra dazu reichen.
Chili für Vegetarier in Suppenschalen servieren. Nach Belieben Reis noch extra kochen.

*S*quash *ist der amerikanische Name für einige Kürbissorten (Cucurbita), die nach dem indianischen askuatasquah – roh essen, benannt wurden.*
Häufig mahle ich meine getrockneten Chilischoten selbst, da ich dann den Schärfegrad bestimmen kann. Die hier gezeigten Chilis sind scharf, sodass ich nur wenige Samen mit vermahle. Je mehr Samen mit hineingegeben werden, desto schärfer ist das Ergebnis.
Selbstverständlich gibt es im Handel gute Gewürzmischungen. Achten Sie auf die Aufschriften der Packungen.

Süssspeisen, Marmeladen und Chutneys

Eis mit Kürbiskernöl und Rumtopffrüchten

200 ml Milch
200 ml Sahne
½ Vanilleschote
4 Eigelbe
75 g Zucker
100 g weiße Schokolade
3 EL Kürbiskernöl
3 EL grob gemahlene Kürbiskerne
6 EL Rumtopffrüchte

Zubereitungszeit:
15 Minuten
Gefrierzeit:
20–22 Minuten

Tipp:
Anstelle der Rumtopffrüchte können Sie je nach Jahreszeit auch eine Fruchtsauce bereiten, zum Beispiel eine Kirschsauce oder eine Cranberry-Sauce. Melonenkugeln passen immer!

Milch und Sahne in einen Topf gießen. Die Vanilleschote der Länge nach aufschneiden. Das Mark herauskratzen. Mark und Schote in die Milch-Sahne-Mischung geben und aufkochen lassen. Die Schote herausnehmen. Eigelb und Zucker in eine Schüssel geben und mit dem Schneebesen cremig rühren. Die heiße Flüssigkeit nach und nach zugeben, dabei ständig rühren. Die Creme in den Milchtopf gießen und unter ständigem Rühren erhitzen, aber nicht kochen lassen. Die Creme ist fertig, wenn sie auf dem Rührlöffel leicht angedickt liegen bleibt.
Die Creme durch ein Haarsieb gießen und auf Eis abkühlen lassen, dabei öfters rühren.
Die Schokolade im Wasserbad schmelzen.
Die Creme in die Eismaschine füllen. Nach etwa 3 Minuten die lauwarme Schokolade in die Eismaschine geben, nach 8 bis 10 Minuten das Kürbiskernöl. Bis zur gewünschten Festigkeit gefrieren lassen.
Mit einem Eisportionierer auf Glasschälchen verteilen, mit den Kürbiskernen bestreuen und die Rumtopffrüchte dazugeben.

Info:
Die Schokolade wird sofort gerinnen, es bilden sich kleine Flocken, aber das ist gewollt. Wenn Sie diesen Effekt nicht wünschen, so können Sie die aufgelöste Schokolade vorher in die Creme rühren.

Für die Kirschsauce
450 bis 500 g entsteinte Kirschen mit 100 ml Wasser und 100 ml Rot- oder Portwein, etwa 50 g Zucker, je nach Süße der Kirschen, sowie ½ Teelöffel abgeriebene, unbehandelte Zitronenschale und 1 Sternanis 12 bis 15 Minuten kochen. Sternanis entfernen und die Masse pürieren. Mit Zimt abschmecken, noch einmal aufkochen bis zur gewünschten Konsistenz. Nach Belieben mit Kirschwasser abschmecken.

KERNIGE WAFFELN MIT FRUCHT-MOUSSE

KÜRBIS-SANDDORN-MOUSSE
500 g Kürbisfruchtfleisch, z. B. Muscade de Provence
1 Limette
75 g Zucker
3 Blatt weiße Gelatine
300 g Sanddornmus, Glas
4 TL gem. Kürbiskerne
150–200 ml Sahne
1 EL Vanillezucker

Zubereitungszeit:
10 Minuten
Garzeit:
etwa 50 Minuten

KÜRBISKERNWAFFELN
40 g Kürbiskerne
100 g Magerquark
1 EL Vanillezucker
1 Msp. Salz
1 Ei
2 EL Olivenöl
100 ml Milch
75 g Dinkel-Vollkornmehl

4 TL Butter für das Waffeleisen bei Bedarf
1½–2 EL Puderzucker
4 EL Kürbiskernöl

Zubereitungszeit:
10 Minuten
Ruhezeit:
5–10 Minuten

KÜRBIS-SANDDORN-MOUSSE
Den Backofen auf 185 °C vorheizen. Das Kürbisfruchtfleisch in Stücke oder Scheiben schneiden und in eine Auflaufform legen. Die Limette auspressen und den Saft angießen, mit dem Zucker bestreuen. Mit Alufolie abdecken. Im Backofen, mittlere Schiene, 45 bis 50 Minuten garen, bis der Kürbis weich ist.
Die Gelatine 3 bis 4 Minuten in kaltem Wasser einweichen. Das Kürbisfruchtfleisch mit einem Schaumlöffel herausnehmen und pürieren. Die Gelatine ausdrücken und in dem sich in der Schale befindlichen Fruchtzucker auflösen. Mit Kürbisfruchtfleisch und Sanddornmus mischen und in 4 schöne Gläser füllen. In den Kühlschrank stellen, bis die Masse fest wird.
Vor dem Servieren mit den gemahlenen Kürbiskernen bestreuen. Die Sahne mit Vanillezucker halb steif schlagen und dazu reichen.

KÜRBISKERNWAFFELN
Die Kürbiskerne hacken. Quark, Vanillezucker, Salz, Ei und Olivenöl verrühren. Die Milch zufügen und das Mehl kurz unterrühren. 5 bis 10 Minuten ruhen lassen.
Das Waffeleisen vorheizen und falls nötig mit Butter ausstreichen. Aus dem Teig 4 Waffeln backen, mit Puderzucker bestreuen und mit Kürbiskernöl beträufeln.

Versuchen Sie auch einmal den Quark und die Milch durch 200 ml Buttermilch zu ersetzen. Und wenn es schnell gehen soll, servieren Sie einfach eine Melonensauce dazu. Dafür 500 g kernarme Wassermelone mit 2 Esslöffel Puderzucker und 1 Teelöffel Vanillezucker pürieren. 2 Esslöffel saure Sahne darunter heben. Ausprobieren lohnt sich unbedingt!

Kürbis in der Tonform

125 g gemahlene Mandeln
1 kg Kürbis, ergibt geputzt etwa 650 g
1 Zimtstange
1 Vanillestange
125 ml Orangensaft
120 g Butter
130 g Zucker
4 Eier
1 Msp. Salz
½–1 TL Zimt

Zubereitungszeit:
25 Minuten
Garzeit:
60 Minuten

Die Mandeln in einer trockenen Pfanne unter Rühren leicht rösten und erkalten lassen. Vorsicht, denn sie können bei zu großer Hitze leicht anbrennen!
Den Kürbis schälen, von Kernen und Fasern befreien und in Stücke schneiden. Zusammen mit Zimtstange und aufgeschlitzter Vanillestange in einen Topf geben. 125 ml Orangensaft zufügen. Abgedeckt bei niedriger Temperatur 15 Minuten kochen, bis das Kürbisfruchtfleisch weich ist. Zimtstange und Vanillestange herausnehmen, das Kürbisfleisch pürieren und abkühlen lassen. Den Backofen auf 175 °C Ober- und Unterhitze vorheizen. Eine feuerfeste Tonform mit Butter ausstreichen.
80 g Butter mit 100 g Zucker verrühren. Die Eier nach und nach unterrühren. Mit Salz und Zimt würzen. Die Mandeln unterziehen. Die Masse in die Form füllen und aus der restlichen Butter Flöckchen darauf geben. Mit dem restlichen Zucker bestreuen. Im Backofen, mittlere Schiene etwa 45 Minuten backen.

Dieses Rezept stammt von den Balearen, den Namen Greixonera de carbassa finden Sie mit etwas Glück auf den Speisekarten im Landesinneren. Greifen Sie zu, wenn Sie dieses leckere Dessert finden, oder versuchen Sie es zu Hause einmal. Noch heute spielt die Töpferkunst eine wesentliche Rolle auf den Balearen. Die greixonera, eine flache Schüssel, ist für Aufläufe bestimmt. Unsere Form ist einer alten nachempfunden.

Kürbis-Kompott aus Kappadokien

1,2 kg Kürbis, nach dem Putzen etwa 800 g
200 g Zucker
½ unbehandelte Zitrone
100 g Walnüsse

Zubereitungszeit:
15 Minuten
Ruhezeit:
mind. 6 Stunden
Garzeit:
etwa 20 Minuten

Kabak Tatlisi ist ein bekanntes und leckeres Rezept aus der Türkei. Normalerweise wird es ohne Zitrone und häufig auch mit mehr Zucker zubereitet.
Aber so wurde es in Kappadokien, in einem kleinen in Tuffstein gehauenen Restaurant, zubereitet. Im Ihlaratal gibt es fruchtbares Ackerland, auf dem Weizen, Gemüse, vor allem Kürbisse und Kartoffeln angebaut werden. Wer hierher reist, erfreut sich nicht nur an der Küche, sondern auch an den phantastischen Steingebilden. Gewaltige Vulkanausbrüche sorgten für das Ausgangsmaterial auf etwa 50 000 Quadratkilometern – rund 15 Prozent der Fläche Deutschlands. Wasser und Wind formten in etwa 2 Millionen Jahren aus dem recht weichen Tuff Formationen, die sich kein Land-Art-Künstler besser hätte ausdenken können.

Den Kürbis schälen, von Kernen und Fasern befreien, in schöne Segmente schneiden. In eine Auflaufform geben und mit dem Zucker bestreuen. Abgedeckt über Nacht stehen lassen, bis sich eine siruppartige Konsistenz gebildet hat.
Den Backofen auf 180 °C Ober- und Unterhitze vorheizen.
Die Zitrone vierteln und in die Auflaufform legen. Im Backofen auf mittlerer Schiene etwa 20 Minuten garen, bis der Kürbis weich ist. Herausnehmen und erkalten lassen.
Inzwischen die Walnüsse hacken und vor dem Auftragen darüber streuen.

Gestürzte Kürbistürmchen

300 g Kürbisfruchtfleisch
1 Stück frischer Ingwer, etwa 2 cm
6 Blatt weiße Gelatine
300 ml Buttermilch
3 EL Quittengelee
3 EL Quittenlikör
75 ml Sahne
2 TL Vanillezucker
1½ EL gehackte Kürbiskerne
nach Belieben Sahne oder Vanillesauce

Zubereitungszeit:
10 Minuten
Garzeit:
etwa 30 Minuten
Ruhezeit:
3 Stunden

Den Backofen auf 180 °C Ober- und Unterhitze vorheizen.
Ein Backblech mit Backpapier auslegen. Das Kürbisfruchtfleisch in Stücke schneiden und darauf legen. Im Backofen auf mittlerer Schiene etwa 30 Minuten garen, bis das Fruchtfleisch weich ist, dann pürieren.
Den Ingwer schälen und hacken. Die Gelatine in kaltem Wasser 5 Minuten einweichen. Buttermilch, Quittengelee und Quittenlikör zum Püree geben und gut verrühren. Die Sahne leicht erwärmen, die ausgedrückte Gelatine darin auflösen. Etwas vom Püree zufügen, alles mischen. Mit Ingwer abschmecken. Eventuell etwas Vanillezucker zufügen.
In 4 Tassen oder Becher füllen, abdecken und kalt stellen.

Nach etwa 3 Stunden, wenn die Masse fest ist, kurz in heißes Wasser tauchen und stürzen. Mit fein gehackten Kürbiskernen bestreuen und mit Sahne oder Vanillesauce servieren.

Ingwer, die Wurzelknolle der Gewürzlilie, wird seit mehr als 3 000 Jahren in den Tropen Südostasiens angebaut. Ingwer aus Jamaika und Indien mit Zitronengeschmack gilt als der beste, Ingwer aus Westafrika ist am schärfsten. Viele asiatische Gerichte werden dank seiner scharfen Würze unverwechselbar. Beim Kauf in Asienläden und Supermärkten sollten die Ingwerwurzeln in Längen bis zu 10 cm fest sein und eine glatte Haut besitzen, die vor Verwendung abgezogen werden muss. Frische Stücke halten sich, im Plastikbeutel verpackt, mehrere Wochen im Kühlschrank, sie lassen sich auch einfrieren. Bei Bedarf kann der Ingwer gefroren geraspelt werden. Der Handel bietet auch Ingwerpulver an, doch Schärfe und Aroma sind geringer. In Asien wird Ingwer als Heilmittel benutzt. Seine Wirkstoffe regen die Galle an, helfen bei der Fettverdauung, wirken Blut verdünnend und Kreislauf fördernd.

Kürbis-Marzipan-Parfait

100 g Kürbispüree
100 g Marzipan-Rohmasse
4 Eigelbe
25 g Zucker
½ EL Vanillezucker
100 ml Orangensaft, frisch gepresst
100 ml Sahne
etwa 4 EL Kürbiskernöl
2 EL gem. Kürbiskerne

Für die Garnitur:
100 ml Sahne
½ Granatapfel

Zubereitungszeit:
15 Minuten
Garzeit:
5 Minuten
Gefrierzeit:
4–5 Stunden

Kürbispüree und Marzipan-Rohmasse verrühren. Die Eigelbe mit Zucker, Vanillezucker und Orangensaft über heißem Wasserdampf cremig aufschlagen. Diese Creme unter die Kürbis-Marzipan-Masse rühren. Die Sahne steif schlagen und unterheben.
Eine große Form oder 4 kleine Förmchen mit Klarsichtfolie auslegen. Die Masse einfüllen. Mit 2 Esslöffel Kürbiskernöl beträufeln und mit Hilfe eines Löffels verstreichen, sodass ein Marmormuster entsteht. Im Tiefkühlfach 4 bis 5 Stunden gefrieren lassen. Zum Servieren die Klarsichtfolie entfernen. Das Parfait auf Glastellern platzieren, nach Belieben mit Kürbiskernöl beträufeln und mit gemahlenen Kürbiskernen bestreuen.
Nach Belieben mit steif geschlagener Sahne, unter die Sie einige Granatapfelkerne mischen, auftragen.

Variante:
Sie können das Parfait auch in Würfel schneiden und auf Zahnstocher spießen; dann sofort genießen. Dazu ist es ratsam, das Parfait zum Gefrieren in eine nicht zu hohe eckige Form zu gießen.

Für dieses Rezept bevorzuge ich den Sweet Dumpling – süßer Knödel. In Frankreich unter dem Namen Courage amande *bekannt. Da seine Ranken nicht sonderlich lang werden, eignet er sich für kleine Gärten hervorragend. Das Gewicht bewegt sich zwischen 300 und 650 g. Das saftige, nach Mandeln schmeckende Fruchtfleisch ist einfach köstlich.*

Gebackener Kürbis mit Karamell-Zwiebeln

1 Hokkaido-Kürbis, etwa 1,2 kg
350 ml Holunderblütensirup
50 g Rosinen
6 Zwiebeln
75 g Kürbiskerne
6 EL Olivenöl
100 g Zucker
2 EL Vanillezucker
2–3 TL Zimt
Salz
1–2 Msp. Kardamom
1–2 Msp. Piment
frisch gem. schwarzer Pfeffer

Butter für die Form

Zubereitungszeit:
10 Minuten
Garzeit:
etwa 120 Minuten

Den Backofen auf 180 °C Ober- und Unterhitze vorheizen.
Den Kürbis waschen und ungeschält im Ganzen in eine Souffleeform oder tiefe Auflaufform stellen. Mit 250 ml Holunderblütensirup übergießen und mit Alufolie abgedeckt in den Backofen stellen. 80 bis 90 Minuten backen, bis er weich ist.
Inzwischen die Rosinen in dem restlichen Holunderblütensirup einweichen. Die Zwiebeln abziehen und in dünne Halbringe schneiden. Die Kürbiskerne hacken, in einer trockenen Pfanne leicht rösten und aus der Pfanne nehmen. Die Pfanne auswischen. Das Öl in der Pfanne erhitzen. Die Zwiebeln darin etwa 5 Minuten glasig braten. Kürbiskerne, Zucker, Vanillezucker, Rosinen und Zimt zufügen. Mit etwas Salz, Kardamom, Piment und Pfeffer würzen. 15 Minuten schmoren lassen, bis die Zwiebeln karamellisiert sind.
Den Backofen auf 190 °C Ober- und Unterhitze vorheizen.
Den Kürbis halbieren und Kerne sowie Fasern mit einem Esslöffel herausnehmen. Die eine Hälfte in Scheiben schneiden und in eine gebutterte Auflaufform legen. Die Hälfte der Zwiebelmischung darauf geben und für etwa 12 Minuten in den Backofen stellen.

Kürbismus
Die andere Hälfte des Kürbisses mit der restlichen Zwiebelmischung pürieren, in Gläser füllen, verschließen und später als Beilage zu Wild servieren.

Der seit den 1990er Jahren sehr beliebte und in Europa angebaute Hokkaido wurde von US-amerikanischen Agrarberatern auf der gleichnamigen Insel Hokkaido aus der hartschaligen Sorte Hubbard des Riesenkürbisses Kuri aji (Kastaniengeschmack) gezüchtet. Sein orangefarbenes Fruchtfleisch eignet sich eigentlich für alle Zubereitungsarten und ist einer der beliebtesten Kürbisse überhaupt.

Kürbis-Dessert aus der Kasbah

300 g Kürbisfruchtfleisch, vorzugsweise Muscade de Provence
300 g Butternut-Kürbis, nur der lange, schlanke Teil
1½ Limetten
120 g Zucker
1 Vanilleschote
6 Sternanise
1 Granatapfel

Zubereitungszeit:
20 Minuten
Garzeit:
20–25 Minuten

Den Backofen auf 185 °C vorheizen.
Kürbisfruchtfleisch vom Muscade de Provence in 4 gleiche Teile schneiden und diese wiederum in gleichmäßige Segmente. Den Butternut-Kürbis in 4 Scheiben etwa 1,5 cm dick schneiden und schälen. In eine Tonform geben. Den Saft der Limetten auspressen und darüber gießen. Den Zucker darüber streuen. Die Vanilleschote längs aufschneiden und mit Sternanisen dazulegen. 150 ml Wasser angießen. Die Tonform mit Alufolie bedecken und in den Backofen auf die mittlere Schiene geben.
Den Granatapfel einmal durchschneiden und aufbrechen, den Saft auffangen und die Kerne zur Seite legen.

Zum Auftragen das Kürbisfruchtfleisch des Muscade de Provence fächerartig auf einen Teller geben. Die Scheibe vom Butternut-Kürbis gefällig dazulegen. Die Garflüssigkeit etwas einkochen und heiß über die Kürbisstücke gießen. Die Granatapfelkerne kalt darüber streuen.

Granatäpfel gibt es im Spätsommer in den Souks von Marokko in großen Mengen zu kaufen.
Die apfelförmigen Früchte des immergrünen Granatapfelbaums galten schon im Altertum als Sinnbild der Liebe und der Fruchtbarkeit. Im Nahen Osten beheimatet, werden sie heute im Mittelmeerraum, in Spanien, auf den Kanarischen Inseln und Madeira, in Kalifornien und Brasilien vorrangig angebaut. Granatäpfel werden reif geerntet und bei uns von September bis März im Handel angeboten. Sie reifen nicht nach, sind jedoch bei kühler Temperatur für längere Zeit lagerfähig. Der Geschmack des gallertartigen Fruchtfleischs erinnert an süß-säuerlichen Wein. Die weißen Trennhäute schmecken bitter und sollten vorher entfernt werden.

Filoteigschalen mit Melonenbällchen

Für 1 Muffinblech
mit 12 Vertiefungen

etwa 70 g Butter
etwa 100 g Filoteig

Für die Joghurtcreme:
3 Blatt weiße Gelatine
1 unbehandelte Limette
150 g Joghurt, 3,5 %
Fettgeh.
2 EL Crème fraîche
50 g Roh-Rohrzucker
1 EL Vanillezucker
100 ml Sherry
Butter und Mehl für das
Muffinblech

3 EL gemahlene
Kürbiskerne

Für den Belag:
½ Wassermelone
½ Charentais- oder
Cantaloupe-Melone

Zubereitungszeit:
35 Minuten
Backzeit:
8–9 Minuten

Tipp:
Wenn Sie übrig gebliebene Limettenschale haben, so können Sie diese mit Zucker vermischt in ein Schraubglas geben. Eine herrlich aromatische Zutat für Kuchen, Desserts oder Chutneys.

Die Vertiefungen des Blechs mit Butter einfetten und mit Mehl bestreuen, überschüssiges Mehl ausklopfen. Den Backofen auf 180 °C Ober- und Unterhitze vorheizen.
70 g Butter bei mäßiger Temperatur zerlassen. Die Filoteigblätter mit einem scharfen Messer in Quadrate von 12 cm Kantenlänge schneiden. Die Teigquadrate mit Butter bepinseln, jeweils 4 Stück übereinander legen und leicht in die Vertiefungen des Muffinblechs drücken. Das oberste Teigblatt leicht mit Wasser besprengen und die Filoteigschalen im Backofen auf der 2. Einschubleiste von unten 8 bis 9 Minuten backen. Herausnehmen und abkühlen lassen.
Die Melonen von den Kernen befreien und mit einem Kugelausstecher kleine Kugeln aus dem Fruchtfleisch lösen, in eine Schüssel füllen und kühl stellen.
Für die Joghurtcreme die Gelatine in kaltem Wasser einweichen. Die Limette heiß waschen, abtrocknen, die Hälfte der Schale abreiben und die Frucht auspressen. Die andere Hälfte der Schale in hauchdünne Streifen schneiden. Joghurt mit Crème fraîche, Rohrzucker, Vanillezucker, Limettenschale und -saft verrühren. Die Hälfte des Sherrys erwärmen, die ausgedrückte Gelatine darin auflösen. Den restlichen Sherry zufügen, alles unter die Joghurtcreme rühren und in den Kühlschrank stellen.
Die abgekühlten Filoteigschalen aus der Form nehmen und mit gemahlenen Kürbiskernen ausstreuen. ½ bis 1 Esslöffel Joghurtcreme einfüllen, die Melonenbällchen darauf verteilen und mit Limettenschalenstreifen garnieren. Sofort servieren.

*F*iloteig finden Sie in griechischen oder türkischen Lebensmittelgeschäften (dort unter der Bezeichnung Yufka) oder in gut sortierten Supermärkten.

Kürbis in Curryteig

125 g Mehl
1 Ei
1 Eiweiß
50 ml Weißwein

2 TL Currypulver
1 TL Kurkuma
2 Msp. Cayennepfeffer
1 Msp. Piment
Salz
250 g Kürbisfruchtfleisch, vorzugsweise Butternut

Öl zum Frittieren

Für den Frucht-Dip:
50 g Rosinen
100 ml Sherry
1 kl. rote Zwiebel
1 Stück Ingwer, etwa 2 cm
½ Ananas
1 reife Mango
1 Guave
100 ml Apfelessig
50 g Zucker

Zubereitungszeit:
35–40 Minuten
Garzeit:
etwa 20 Minuten

Tipp:
Die Eier möglichst 30 Minuten vorher aus dem Kühlschrank nehmen. Sie vermischen sich besser mit den anderen Teigzutaten. Eine Messerspitze Salz bewirkt, dass das Eiweiß beim Schlagen fester wird.

Mehl, Ei und Wein verrühren. Mit Curry, Kurkuma, Cayennepfeffer, Piment und Salz würzen. Das Eiweiß mit etwas Salz steif schlagen und unterziehen. Den Teig 20 Minuten ruhen lassen. Inzwischen das Kürbisfruchtfleisch in etwa 3 cm große Stücke schneiden. Im Dampfaufsatz eines Topfes, ersatzweise in wenig Wasser, etwa 10 Minuten garen. Das Fruchtfleisch sollte noch Biss haben.
Für den Frucht-Dip die Rosinen mit Sherry übergießen und beiseite stellen. Die Zwiebel abziehen und fein hacken. Den Ingwer schälen und fein hacken oder reiben. Die Ananas schälen, halbieren und den Strunk herausschneiden. 150 g abwiegen und in kleine Würfel schneiden. Mango und Guave schälen und beides würfeln.
Apfelessig, Zucker, Zwiebel und Ingwer in einen Topf geben und bei geringer Temperatur einige Minuten kochen lassen. Vom Herd nehmen und die Früchte zufügen, ebenso Rosinen samt Sherry. 15 Minuten durchziehen lassen.
Inzwischen das Öl in einem Topf erhitzen. Das Kürbisfruchtfleisch einzeln durch den Teig ziehen und in dem Öl etwa 3 Minuten frittieren. Herausnehmen und auf Küchenpapier abtropfen lassen. Mit dem Frucht-Dip servieren. Sollten Sie die Guave nicht erhalten, so erhöhen Sie einfach den Ananasanteil oder nehmen zusätzlich 1 Banane.

Alternativ passt auch eine Karamellsauce:
Dazu 75 g braunen Rohrzucker in einem Topf goldgelb schmelzen und mit einigen Tropfen Zitronensaft und 200 ml Orangensaft ablöschen. 100 ml Crème double zufügen und bei niedriger Temperatur kochen lassen, dabei öfter umrühren. Vom Herd nehmen. Nach Belieben mit Orangenlikör abschmecken. Zum Schluss 1 bis 2 Esslöffel Crème fraîche unter die fertige Sauce rühren.

Engelshaar Kürbis-Quitten-Mus

ENGELSHAAR
1,8 kg Kürbis
½ unbehandelte Zitrone
½ unbehandelte Orange
1 kg Zucker
1 Msp. Zimt

Zubereitungszeit:
30 Minuten
Garzeit:
30 Minuten

KÜRBIS-QUITTEN-MUS
400 g Kürbisfruchtfleisch, vorrangig Muscade de Provence
1 große, reife Quitte, etwa 200 g, nach Putzen 150 g
1 Stück frischer Ingwer
250 ml Cidre
120 g Gelierzucker 2:1

Zubereitungszeit:
etwa 10 Minuten
Garzeit:
17 Minuten

ENGELSHAAR
Den Kürbis durchschneiden, schälen, entkernen und die faserigen Teile wegnehmen. Nach dem Putzen wird noch etwa 1 bis 1,2 kg Fruchtfleisch übrig bleiben, dies in große Stücke schneiden. Die Schale der Zitrone und Orange abreiben.
150 ml Wasser mit dem Fruchtfleisch aufsetzen und abgedeckt etwa 10 Minuten bei mäßiger Temperatur kochen lassen. Zucker, Zimt, Zitronen- und Orangenschale zufügen, unter ständigem Rühren bei mittlerer Temperatur etwa 20 Minuten kochen.
In gut ausgespülte und getrocknete Gläser füllen und verschließen.

*D*ie volkstümliche balearische *Bezeichnung „Engelshaar" – Cabell d'ángel bezieht sich auf die sichtbaren feinen Kürbisfasern.*

KÜRBIS-QUITTEN-MUS
Das Kürbisfruchtfleisch in große Stücke schneiden. Die Quitte schälen, vom Kerngehäuse befreien und in kleine Stücke schneiden. Den Ingwer schälen und hacken.
Kürbis, Quitte und Ingwer in einen Topf geben. Den Cidre angießen und etwa 15 Minuten kochen lassen, bis alles weich ist. Mit dem Schneidstab pürieren und den Gelierzucker zufügen. Nach Vorschrift des Herstellers 2 oder 3 Minuten kochen. In vorbereitete Gläser füllen und verschließen.

Halloween-Marmelade

500 g Kürbisfruchtfleisch
500 g Äpfel, etwa 3 Stück
½ Liter Apfelsaft, ersatzweise Wasser
1 EL Glühweingewürz
1 Vanilleschote
2 Zimtstangen
3 Nelken
½–1 Zitrone
etwa 1 EL Vanillezucker
450 g Gelierzucker 1:1
2 EL Rum, nach Belieben

Zubereitungszeit:
12 Minuten
Garzeit:
15 Minuten

Das Kürbisfruchtfleisch in Stücke schneiden. Die Äpfel entkernen und ebenfalls in Stücke schneiden. Zusammen mit dem Apfelsaft in einen Topf geben. Glühweingewürz in ein Mullbeutelchen oder Teesieb geben und zufügen, ebenso die aufgeschlitzte Vanilleschote, Zimtstangen und Nelken. Etwa 12 Minuten unter Rühren kochen lassen, bis das Fruchtfleisch weich ist. Vanilleschote, Zimtstangen und Nelken entfernen und das Fruchtmus pürieren. Mit Zitronensaft und Vanillezucker abschmecken.
Den Gelierzucker zufügen und nach Vorschrift des Herstellers unter Rühren 3 Minuten kochen lassen. Mit Rum abschmecken. Vom Herd nehmen und sofort in Gläser füllen und verschließen.

*A*nlass für dieses Rezept war das Geschenk eines Freundes, dessen köstliche Halloween-Marmelade mich zu diesem Rezept inspiriert hat.

Varianten:
Die Vanilleschote abspülen, trocknen lassen und mit Zucker in ein Schraubglas geben. Der Zucker nimmt das Vanillearoma an und Sie können diesen für Ihren nächsten Kuchen oder Süßspeisen verwenden.
Sie können auch zusätzlich noch 1 oder 2 Esslöffel Glühweingewürz nehmen. Dieses dann in ein Mullbeutelchen oder Teesieb füllen und mitkochen lassen. Glühweingewürz besteht meist aus Orangenschale, Zitronenschale, Apfelstücken, Nelken, Zimt, Fenchel, Sternanis und oft auch Vanilleschote.
Ebenso geeignet ist Lebkuchen-Gewürz. Die Zusammenstellung ist ähnlich; es enthält Zimt, Orangenschale, Zitronenschale, Sternanis, Muskat, Muskatblüte Koriander, Fenchel, Kardamom und Nelken.

Kürbis-Kumquat-Marmelade

Für 2 Gläser zu je 450 g Inhalt

200 g Kumquats
260 g Kürbisfruchtfleisch
350 ml Apfelsinensaft, etwa 4 Apfelsinen
1 Limette
200 g Gelierzucker 2:1

Zubereitungszeit:
10 Minuten
Garzeit:
18–21 Minuten

Tipp:
Apfelsinen und auch Zitronen sind ergiebiger, wenn Sie die Früchte vor dem Auspressen mit der flachen Hand auf der Arbeitsfläche hin und her rollen.

Die Kumquats heiß waschen, in kleine Stücke schneiden und größere Kerne entfernen. Das Kürbisfruchtfleisch raspeln. Die Apfelsinen auspressen. Apfelsinensaft, ¼ Liter Wasser, Kumquats und Kürbisfruchtfleisch in einen Topf geben und abgedeckt bei niedriger Temperatur 15 bis 18 Minuten kochen lassen, bis das Fruchtfleisch weich ist. Den Limettensaft auspressen. Gelierzucker und Limettensaft zufügen und 3 Minuten unter Rühren aufkochen lassen. Sofort in Gläser füllen und verschließen. Als Brotaufstrich, aber auch als Beilage zu Wild, besonders zu Entenbrust eine ausgefallene Ergänzung.

Die kleine ovale Zitrusfrucht Kumquat stammt ursprünglich aus Ostasien. Heute werden Kumquat-Bäumchen in subtropischen Regionen in China, Japan, Amerika, Südafrika, Spanien und Israel angebaut, also in allen Ländern, in denen auch Orangen gedeihen. Im Handel werden Kumquats fast das ganze Jahr angeboten. Sie reifen, wie alle Zitrusfrüchte, nicht nach und sollten daher vollreif gekauft werden. Da die Früchte normalerweise nicht chemisch behandelt werden, kann man sie im Ganzen essen. Die Schale schmeckt würzig-süß, das Fruchtfleisch säuerlich herb.

Kürbis süss-sauer

2 kg Kürbis, Gelber oder
Roter Zentner
1 unbehandelte Zitrone
1 Stück Ingwerwurzel,
etwa 3 cm
¾ Liter Weißweinessig
1 kg Zucker
1–2 Stangen Zimt
7 Nelken
1 Lorbeerblatt
2–3 TL Salz
15 schwarze Pfefferkörner
2 TL Senfkörner

Zubereitungszeit:
35 Minuten
Garzeit:
15–20 Minuten
Ruhezeit:
über Nacht

Tipp:
Nach Belieben den Sirup
durch ein Sieb gießen,
dann bleiben die Gewürze
allerdings zurück.

Den Kürbis aufschneiden, vierteln, schälen, von Kernen und Fasern befreien und in Würfel schneiden.
Die Zitrone waschen, trocken tupfen und halbieren. Die Schale der einen Hälfte abreiben, die andere Hälfte in Stücke schneiden. Die Ingwerwurzel schälen und fein hacken. Weißweinessig mit ¾ Liter Wasser, Zucker, Zitronenschale, Zimt, Nelken, Ingwer, Lorbeerblatt, Salz, Pfeffer- und Senfkörnern aufkochen.
Den Kürbis hineingeben und 15 bis 20 Minuten bei niedriger Temperatur kochen. Abgedeckt über Nacht ruhen lassen.
Die Kürbisstücke mit einem Schaumlöffel herausnehmen und in Gläser füllen. Den Saft zu einem Sirup einkochen und über den Kürbis gießen. Die Gläser sofort verschließen.
Zu kaltem Braten, Geflügel, Wild, Schinken schmeckt der eingelegte Kürbis ganz ausgezeichnet.

*E*s war einmal ein kleiner Junge, recht mager und für einen erfahrenen Arzt als „schlechter Esser" unschwer zu erkennen. Bei der Einschulungsuntersuchung befragt, was er denn alles nicht so sehr möge, fiel dem Knirps spontan nur ein: „süß-saurer Kürbis". Der Wahrheit halber sei gesagt: Der Redakteur für dieses Buch ist längst erwachsen, bei ihm zuhause gab es früher diese pikant-leckere Kürbis-Zubereitung eher selten – und er isst heute nicht nur sie ausgesprochen gern.
Ganz sachlich noch etwas hinterher: Der Gelbe und Rote Zentner ist ein großer Feldkürbis. Sein gelbes Fruchtfleisch ist sehr ertragreich und ziemlich geschmacksneutral. Da er die Gewürze gut aufnimmt, eignet er sich hervorragend zum Einlegen.

Zweierlei Kürbis-Chutneys

KÜRBIS-APFEL-CHUTNEY
400 g Kürbisfruchtfleisch, vorzugsweise Roter Zentner (Rouge vif d'Etampes)
200 g Äpfel
1 Stück Ingwer von 2–3 cm
4 Knoblauchzehen
1 kl. rote Chilischote
125 g Roh-Rohrzucker
50 ml Apfelessig
½–1 TL Cayennepfeffer
½ TL gem. Koriander

Zubereitungszeit:
15 Minuten
Garzeit:
etwa 25 Minuten

KÜRBIS-TOMATEN-CHUTNEY
250 g Kürbisfruchtfleisch
2 Tomaten
½ Gemüsezwiebel
1–2 Knoblauchzehen
½ rote Chilischote
1 Apfel, etwa 150 g
3 EL Olivenöl
60 g brauner Rohrzucker
Salz
frisch gem. schwarzer Pfeffer
½ TL gem. Piment
½ TL getrockneter wilder Thymian
etwa 3 EL Balsamico-Essig

Zubereitungszeit:
15 Minuten
Garzeit:
35 Minuten

KÜRBIS-APFEL-CHUTNEY
Das Kürbisfruchtfleisch in kleine Würfel schneiden. Die Äpfel waschen, vom Kerngehäuse befreien und in Stücke schneiden. Den Ingwer schälen und hacken. Die Knoblauchzehen abziehen. Die Chilischote aufschneiden, entkernen, von Zwischenwänden befreien und hacken.
Alle Zutaten in einen Topf geben. Den Zucker darüber streuen, Apfelessig und 100 ml Wasser zufügen. Mit Cayennepfeffer und Koriander würzen.
Bei niedriger Temperatur etwa 25 Minuten kochen, bis das Chutney etwas musig geworden ist.
In Gläser füllen und verschließen. Passt ausgezeichnet zu Wildschinken, geräucherter Gänsebrust oder einer Käseplatte.

Am besten stellen Sie mindestens die doppelte Menge her, denn was wäre ein Picknick oder Grillfest ohne die geliebten Chutneys?

KÜRBIS-TOMATEN-CHUTNEY
Das Kürbisfruchtfleisch in kleine Würfel schneiden. Die Tomaten über Kreuz einritzen, in kochendes Wasser geben, abschrecken, den Stielansatz entfernen, Früchte häuten und hacken. Gemüsezwiebel und Knoblauch abziehen, die Zwiebel würfeln und die Knoblauchzehen zerdrücken. Die Chilischote aufschneiden, von Kernen und Zwischenwänden befreien und sehr klein schneiden. Den Apfel schälen, vom Kerngehäuse befreien und in Stücke schneiden.
Das Öl in einem Topf erhitzen und die Zwiebel darin andünsten. Nach einigen Minuten Kürbis, Knoblauch und Apfel zugeben und mitdünsten. Tomaten und Zucker unterrühren. Alles mit Salz, Pfeffer, Piment, Thymian und Balsamico-Essig würzen und das Chutney bei mäßiger Temperatur unter ständigem Rühren etwa 30 Minuten köcheln lassen. Das Kürbis-Tomaten-Chutney nach Belieben pürieren.

Mal klassisch, mal fruchtig eingemacht

MIXED PICKLES
Für 2 350-ml-Gläser

250 g Butternut-Kürbis
Salz
300 g Einlegegurken oder
Bio-Salatgurke
1 kleiner Apfel
1 rote Zwiebel
schwarzer Pfeffer
Cayennepfeffer
je 125 ml Sherry,
Sojasauce, Rotweinessig

Zubereitungszeit:
12 Minuten
Garzeit:
6 Minuten
Ruhezeit:
6–8 Stunden

KÜRBISMUS MIT SENF
350 g Kürbisfruchtfleisch
2 EL Olivenöl
3 Sternanise
100 ml Orangensaft
1–1½ EL Weißweinessig
3 TL Senf
2 TL Puderzucker
Salz
frisch gem. weißer Pfeffer
½ TL Paprikapulver,
edelsüß
1–2 Msp. Currypulver
1–1½ EL eingelegte
Kapern, nach Belieben

Zubereitungszeit:
10 Minuten
Garzeit:
30–35 Minuten

MIXED PICKLES
Den Butternut-Kürbis schälen und in dünne Scheiben schneiden. 200 ml Wasser erhitzen, salzen und die Kürbisscheiben darin 6 Minuten garen.
Die Gurke und den Apfel gut waschen. Den Apfel mit Hilfe eines Apfelausstechers vom Kerngehäuse befreien und wie die Gurke in dünne Scheiben schneiden. Die Zwiebel abziehen und in Ringe schneiden.
Alle Zutaten in 2 Gläser schichten. Zwischen den Schichten mit Salz, Pfeffer und Cayennepfeffer würzen. Die Garflüssigkeit vom Kürbis mit Sherry, Sojasauce und Essig auffüllen und über das geschichtete Gemüse gießen. Das Gemüse sollte von Flüssigkeit bedeckt sein. Verschließen und kühl stellen.
Am nächsten Tag zu Braten oder Käse servieren.

KÜRBISMUS MIT SENF
Den Backofen auf 180 °C vorheizen. Das Kürbisfruchtfleisch in große Stücke schneiden, auf ein Backblech geben, mit Olivenöl beträufeln und mit Sternanisen belegen. Im Backofen, mittlere Schiene, 30 bis 35 Minuten garen, bis das Fruchtfleisch weich ist.
In eine Schüssel geben, Sternanise entfernen, den Orangensaft zufügen und mit dem Mixer pürieren. Mit Weißweinessig, Senf, Puderzucker, Salz, Pfeffer, Paprikapulver, Currypulver und nach Belieben mit Kapern würzen.

Variante:
Zur Abwechslung können Sie auch eine reife Mango mit pürieren oder in kleine Stücke schneiden und untermischen.

Süßspeisen, Marmeladen und Chutneys

Kürbis exotisch konserviert

Für 4 Gläser mit je 450 ml Inhalt

1 kg Kürbis, nach dem Putzen etwa 800 g
2 Stängel Zitronengras
1 Stück frischer Ingwer, etwa 3 cm
4 Knoblauchzehen
200 ml Apfelessig
140 g Roh-Rohrzucker
5–6 Sternanise
4 Kaffir-Limettenblätter
4 kleine rote Chilischoten

Zubereitungszeit:
15 Minuten
Garzeit: 55 Minuten
Ruhezeit: 2 Stunden

Tipp:
Die Früchte sollten beim Einfüllen mit Sud bedeckt sein. Sollte das nicht der Fall sein, so füllen Sie mit ein wenig Wasser auf.

Den Backofen auf 180 °C Ober- und Unterhitze vorheizen. Die gut ausgespülten und trockenen Gläser mit Deckel bereitstellen. Den Kürbis von Kernen und Fasern befreien, schälen und in Würfel schneiden. Das äußere Hüllblatt des Zitronengrases entfernen. Den Ingwer schälen und klein schneiden. Die Knoblauchzehen abziehen und in dicke Scheiben schneiden. 1 Liter Wasser mit Essig, Roh-Rohrzucker, Zitronengras, Ingwer, Sternanise und Limettenblättern aufkochen. Den Kürbis, den Knoblauch und die Chilischoten zufügen und erneut kurz aufkochen lassen. Den Inhalt in die Gläser verteilen und in die Fettpfanne des Backofens, 2. Schiene von unten, stellen. 2 bis 3 cm hoch Wasser einfüllen. Im Backofen 50 Minuten garen. Den Backofen dann ausstellen und die Gläser darin belassen, bis der Backofen ausgekühlt ist. Zu kaltem Fleisch, Wild oder auch Käse servieren. Nach Belieben das Fleisch mit Kürbiskernöl beträufeln.

Kaffir-Limettenblätter verbreiten ein intensives erfrischendes Aroma und sind für viele südostasiatische Gerichte unverzichtbar. Die Blätter des Kaffir-Limettenbaums werden wie Lorbeerblätter verwendet. Frische Blätter erhalten Sie in einschlägigen Geschäften, in Plastikbeutel verpackt. Sie lassen sich gut einfrieren und bei Bedarf entnehmen.
Der Roh-Rohrzucker (Muskovade) wird aus Zuckerrohr gewonnen und ist nur teilweise raffiniert. Sein karamellartiger Geschmack harmoniert vorzüglich mit den exotischen Gewürzen.

Backwaren und Getränke

Jingle Bells

Für 12–16 Backförmchen
in Glockenform

500 g Kürbisfruchtfleisch
2 EL Olivenöl
3 Eier
125 g Butter
150 g getr. Cranberrys
4 EL Rum
2 EL Crème fraîche
4 EL Ahornsirup
1 TL abgeriebene unbehandelte Zitronenschale
3 TL Vanillezucker
150 g Weizen-Vollkornmehl
80 g Maismehl
3 TL Backpulver
1 Bohne
1 EL Puderzucker

Butter und Mehl für die
Teller

Zubereitungszeit:
15 Minuten
Garzeit:
30–35 Minuten
Backzeit:
30–35 Minuten

Tipp:
Cranberrys, die amerikanischen Verwandten unserer Preiselbeeren und ebenso säuerlich herb, harmonieren zu süßen und pikanten Gerichten.

Den Backofen auf 190 °C vorheizen. Das Kürbisfruchtfleisch auf ein Blech oder in eine Auflaufform legen, mit dem Olivenöl beträufeln und im Backofen, mittlere Schiene, 30 bis 35 Minuten garen, bis das Fruchtfleisch weich ist.
Inzwischen die Eier und die Butter aus dem Kühlschrank nehmen. Die Cranberrys in Rum einlegen. Die Backform mit Butter einstreichen und Mehl bestauben, überschüssiges Mehl ausklopfen.
Das Kürbisfruchtfleisch pürieren. Butter und Crème fraîche zufügen. Dann Ahornsirup und die Eier einzeln aufschlagen und hineinrühren. Zitronenschale, Vanillezucker und die in Rum eingelegten Cranberrys zufügen. Die beiden Mehlsorten mit Backpulver vermischen und unterrühren. Die Bohne in den Teig geben und in die Backförmchen füllen.
Im Backofen, 2. Schiene von unten, 30 bis 35 Minuten backen. Garprobe machen und die Küchelchen auskühlen lassen, dann stürzen und mit Puderzucker bestreut servieren!

Dazu passt eine Vanillesauce oder noch besser eine Sauce aus frischen Cranberrys. Dazu 2 EL Wasser mit 100 g Zucker und 250 ml Orangensaft in einem Topf erhitzen, bis sich der Zucker gelöst hat. 250 g frische Cranberrys und 1 TL unbehandelte abgeriebene Orangenschale zufügen und nach dem Aufkochen noch etwa 3 Minuten kochen lassen, bis sie platzen. Abkühlen lassen.

„Jingle bells, jingle bells, jingle all de way …"
Spätestens wenn die Glocken Weihnachten einläuten, ist es an der Zeit zu backen. In einigen spanischsprachigen Ländern ist es üblich, den Dreikönigstag mit der Suche nach einer in Backwaren versteckten Bohne zu feiern. Probieren Sie doch einmal das Jingle-bells-Gebäck aus der „Neuen Welt" mithilfe handelsüblicher Glockenbackformen: kleine und größere Weihnachtsglöckchen aus Kürbis, Weizen- und Maismehl sowie Cranberrys lassen eine unvergessliche Weihnachtsstimmung aufkommen, die durch die Suche nach der verborgenen Bohne zusätzlich „gewürzt" wird.
Wer sie findet, dem winkt das Glück im neuen Jahr!
… O, what fun it is to ride in a one-horse open sleigh.

STERNKUCHEN

Für 1 Sternform von
800 ml Inhalt
oder für 2 kleine Formen
von je 400 ml Inhalt

60 g Butter
3 Eier
1 EL Olivenöl
200 g Kürbis mit Schale,
es sollten 150 g Kürbisfruchtfleisch übrig bleiben
½ TL Safranfäden
2–3 EL Milch
35 g kandierter Ingwer
50 g brauner Rohrzucker
2 TL Vanillezucker
1 TL abgeriebene unbehandelte Zitronenschale
100 g Mehl, Type 405
2 TL Backpulver
60 g gemahlene Haselnüsse

Butter und Mehl für die Form

Zubereitungszeit:
35 Minuten
Backzeit:
35–40 Minuten

Butter und Eier aus dem Kühlschrank nehmen.
Den Backofen auf 190 °C vorheizen. Eine feuerfeste Schale mit Öl ausstreichen und die Kürbisfruchtscheibe hineingeben. Etwa 30 Minuten backen, bis das Kürbisfleisch weich ist. Das Kürbisfleisch abheben, pürieren und bereitstellen.
Die Safranfäden in 3 EL heißer Milch auflösen. Den Ingwer hacken.
Die Sternform mit Butter einfetten und mit Mehl bestauben; überschüssiges Mehl ausklopfen.
Den Backofen auf 180 °C Ober- und Unterhitze vorheizen.
Butter und Rohrzucker schaumig rühren. Die Eier nach und nach unterrühren. Kürbisfleisch, Safran, Vanillezucker, Zitronenschale und Ingwer zufügen. Das Mehl mit dem Backpulver mischen und mit den Haselnüssen unterheben.
Den Teig in die Sternform füllen und auf der mittleren Schiene 35 bis 40 Minuten backen. Einen Spieß aus Holz oder Metall in die dickste Stelle des Gebäcks stechen. Beim Herausziehen darf keine Feuchtigkeit oder Teig haften bleiben.
Nach dem Herausnehmen auskühlen lassen, dann stürzen.

Nach Belieben mit einem Zimt-Sabayon servieren! Ein Sabayon ist eine Schaumsauce aus Eigelb und Zucker, die unseren Kuchen vollendet zur Geltung bringt. Dazu 2 Eigelbe mit 1 EL Vanillezucker, 75 g Zucker und 1 TL Speisestärke über einem heißen Wasserbad bei mäßiger Temperatur aufschlagen. 2 EL Amaretto, 100 ml Weißwein und ½ TL Zimt zufügen und weiterschlagen, bis der Sabayon eine cremige Konsistenz erreicht hat.

Kastanien-Windbeutel mit Kürbis-Apfelcreme

Für 15 Stück

Für die Kürbis-Apfelcreme:
200 g Kürbisfruchtfleisch
1½ Äpfel
20 g Butter
60 g Zucker
60 ml Weißwein
1–2 Msp. Vanillemark
einige Safranfäden

Für die Windbeutel:
¼ Liter Milch
Salz
40 g Butter
85 g Weizenmehl
50 g Kastanienmehl
3 Eier

Tipp:
Kastanienmehl erhalten Sie in gut sortierten Supermärkten oder im Reformhaus.

Zubereitungszeit:
15 Minuten
Garzeit:
etwa 20 Minuten
Backzeit:
22–25 Minuten

Das Kürbisfruchtfleisch in Würfel schneiden. Den ganzen Apfel schälen, das Kerngehäuse entfernen und in Stücke schneiden. Butter mit Zucker in einen Topf geben und leicht karamellisieren lassen. Kürbis und Apfel zufügen, 2 Minuten durchrühren und den Wein angießen. 15 Minuten bei mäßiger Temperatur und häufigem Rühren kochen. Die Flüssigkeit sollte verkocht sein. Mit Vanille und zerkrümelten Safranfäden würzen. Erkalten lassen.
Milch mit Salz und Butter aufkochen. Beide Mehlsorten mischen und in die Milch schütten. Unter Rühren mit einem Holzlöffel zu einem Kloß abbrennen, bis sich die Masse vom Topfboden löst. Den Topf vom Herd nehmen.
Den Backofen auf 220 °C Ober- und Unterhitze vorheizen. Zunächst 1 Ei in die Brandmasse einrühren, bis es sich vollständig mit dem Teig verbunden hat. Dann erst die restlichen Eier einzeln einarbeiten.
Den Teig in einen Spritzbeutel füllen. Häufchen auf das mit Backpapier belegte Backblech spritzen und im Backofen auf der mittleren Einschubleiste 22 bis 25 Minuten backen. Eventuell nach 10 Minuten die Hitze auf 210 °C reduzieren. Die fertigen Windbeutel aus dem Ofen nehmen, aufschneiden und auskühlen lassen.
Zum Servieren mit geschlagener Sahne und Kürbis-Apfelcreme füllen.
Den halben Apfel in Scheiben schneiden und nach Belieben mit einem Apfelschnitz garnieren. Frisch zubereitet sind diese kleinen Windbeutel einfach köstlich.

Edelkastanien oder Maronen sind vor allem im Mittelmeergebiet und im Tessin verbreitet. Nördlich der Alpen finden wir sie in Gebieten mit einem milden Klima; bei uns in Deutschland sind sie in der Pfalz unter dem Namen „Keschte" bekannt und beliebt.
Gern nehme ich die Kürbissorte „Bleu de Hongrie" – Ungarischer Blauer. Er ist an der hellen, blaugrauen, weißlichen Schale leicht zu erkennen. Mit einem Gewicht von etwa 6 bis 9 kg, seinem festen, sehr schmackhaften und kräftig orangefarbenen Fruchtfleisch eignet er sich hervorragend für diese Füllung. Sie können davon Segmente kaufen, von dem restlichen Fruchtfleisch eine leckere Marmelade kochen und bei Bedarf als Füllung verwenden.

KNUSPERBERGE

Für etwa 20 Stück

60 g Kürbiskerne
20 Kürbiskerne zum Garnieren
60 g gehobelte Macadamianüsse
60 g Mandelblättchen
200 ml Sahne
60 g Butter
30 g Zitronat
30 g Orangeat
2½ EL Agavendicksaft
65–70 g Mehl
½ TL Safranfäden
2 Msp. Kreuzkümmel
2 Msp. Kardamom
je 1 Msp. Zimt und Salz
100 g Schokoladen-Kuvertüre
2 TL Kürbiskernöl

Zubereitungszeit:
15 Minuten
Backzeit:
15–20 Minuten

Kürbiskerne, Macadamianüsse und Mandelblättchen nacheinander in einer trockenen beschichteten Pfanne unter ständigem Rühren leicht rösten. Die Kürbiskerne hacken.
Den Backofen auf 175 °C Ober- und Unterhitze vorheizen. Ein Blech mit Backpapier auslegen. 150 ml Sahne, Butter, Kürbiskerne, Macadamianüsse, Mandelblättchen, Zitronat und Orangeat in einen Topf geben und leicht aufkochen. Agavendicksaft zufügen, umrühren und das Mehl hineinschütten. Safran zerkrümeln, in der restlichen Sahne auflösen und zufügen. Unter Rühren nochmals 1 bis 2 Minuten auf dem Herd belassen. Mit Kreuzkümmel, Kardamom, Zimt und Salz würzen.

Mit Hilfe eines Esslöffels kleine Berge auf das Backpapier setzen, mit einem Kürbiskern krönen und im Backofen, mittlere Stufe, 15 bis 20 Minuten backen. Nach dem Erkalten mit einer Palette vom Blech nehmen. Die Schokoladen-Kuvertüre im Wasserbad schmelzen, das Kürbiskernöl zufügen und die Unterseite des Gebäcks damit bestreichen.

Nicht nur in der Weihnachtszeit, sondern das ganze Jahr über können Sie die kleinen Knusperberge für sich und Gäste bereithalten. Gut verpackt in Dosen sind sie ohne Geschmacksverlust etwa 4 Wochen haltbar. Mit einer Tasse Tee oder Kaffee ein Hochgenuss, Kinder lieben dazu Kakao.

Kürbiskuchen
Pumpkin Pie

Für eine runde tiefe Form von 23 cm Durchmesser

Für den Mürbteig:
200 g Mehl
100 g Butter
40 g Zucker
1 Ei
Salz

Butter für die Form
Backpapier
Hülsenfrüchte zum Blindbacken

Für das Püree:
400 g Kürbisfruchtfleisch
3 Eier
100 ml Ahornsirup
2 TL Speisestärke
50 ml Sahne
Salz
abgeriebene Muskatnuss
¾ TL Zimt
½ TL gemahlener oder frisch geriebener Ingwer

Zubereitungszeit:
30 Minuten
Kühlzeit:
60 Minuten
Garzeit für Püree:
35 Minuten
Backzeit:
etwa 46 Minuten

Das Mehl auf die Arbeitsfläche sieben. In die Mitte eine Vertiefung drücken. Die in Stücke geschnittene kalte Butter mit Zucker, Ei, 1 Esslöffel kaltes Wasser und Salz hineingeben. Mit möglichst kalten Fingern schnell zu einem Teig verarbeiten. Zu einer Kugel formen, in Klarsichtfolie wickeln und den Teig für 1 Stunde in den Kühlschrank legen.
Den Backofen auf 190 °C vorheizen. Das Kürbisfruchtfleisch in Stücke schneiden und auf ein mit Backpapier ausgelegtes Blech geben. Im Backofen, mittlere Schiene, etwa 35 Minuten garen, bis es weich ist. Herausnehmen und abkühlen lassen.
Für den Mürbteig den Backofen auf 200 °C erhitzen. Die Form mit Butter ausstreichen und Mehl bestauben, überschüssiges Mehl wieder ausklopfen.
Den Teig ausrollen, das geht am besten zwischen zwei Backpapierblättern oder Klarsichtfolie. Die Form mit dem Teig belegen, dabei den Rand etwas hoch drücken. Den Teigboden mit einer Gabel mehrfach einstechen, mit Backpapier belegen und die Hülsenfrüchte darauf verteilen. Den Boden im Backofen mittlere Einschubleiste 10 Minuten backen.

Die Hülsenfrüchte und das Backpapier entfernen und weitere 8 Minuten backen. Herausnehmen und abkühlen lassen.
Den Backofen auf 180 °C einstellen.
Das Kürbisfruchtfleisch pürieren. Eier, Ahornsirup, Speisestärke und Sahne zufügen. Mit Salz, Muskatnuss, Zimt und Ingwer abschmecken. Diese Masse auf den Mürbteig geben. Im Backofen, mittlere Einschubleiste, 28 bis 30 Minuten backen.

Für den originalen Pumpkin Pie nimmt man eigentlich den Jack O'Lantern. Der zarte nussige Geschmack und das fein strukturierte orangefarbene Fruchtfleisch werden vor allem von Amerikanern heiß geliebt. Beim traditionellen Familienfest „Thanksgiving", das immer am letzten Donnerstag im November gefeiert wird, darf der Pumpkin Pie nicht fehlen.

Quiche mit Muscheln und Kürbis

Für 1 Quicheform von
24–25 cm Durchmesser

Für den Teig:
160 g Mehl
80 g Butter
20 g frische Hefe
2–3 EL Milch
1 Ei, 1 Msp. Salz

Für den Belag:
200 g Kürbisfruchtfleisch
100 ml Gemüsebrühe
Salz, frisch gem. schwarzer Pfeffer
600 g Miesmuscheln
1 große Zwiebel
1 Knoblauchzehe
2 Tomaten
3 EL Olivenöl
150 ml trockener Weißwein
1 TL Kräuter der Provence
½ Bd. glattblättrige Petersilie
½ Bd. Schnittlauch
je 25 g Butter und Dinkel- oder Weizen-Vollkornmehl
2 Eier
2 EL Crème fraîche

Butter und Mehl für die Form

Zubereitungszeit:
45 Minuten
Ruhezeit:
1 Stunde
Garzeit:
10 Minuten
Backzeit:
25 und 50 Minuten

Das Mehl auf ein Brett sieben. Die Butter in kleine Stücke schneiden und mit dem Mehl abbröseln. Eine Mulde formen. Die Hefe hineingeben. Milch, Ei und Salz zufügen, alles mischen. Kneten und den Teig abgedeckt gut 1 Stunde ruhen lassen.
Den Backofen auf 185 °C Ober- und Unterhitze vorheizen.
Das Kürbisfruchtfleisch halbieren und in eine tiefe Auflaufform legen. Mit Gemüsebrühe übergießen, salzen, pfeffern und abgedeckt in den Backofen stellen. Nach etwa 25 Minuten die Garprobe machen, aus dem Backofen nehmen, etwas abkühlen lassen, dann in Scheibchen oder Würfel schneiden.
Die Muscheln gründlich waschen und bürsten, vorhandene Bärte entfernen. Die Zwiebel und die Knoblauchzehe abziehen. Die Zwiebel würfeln und die Knoblauchzehe zerdrücken. Die Tomaten über Kreuz einritzen, in kochendes Wasser geben, abschrecken, den Stielansatz entfernen, Früchte häuten.
Das Olivenöl in einem weiten Topf erhitzen. Die Zwiebel hineingeben, leicht andünsten, Knoblauch, Tomaten und Muscheln zufügen, den Wein angießen. Mit Salz, Pfeffer und Kräutern der Provence würzen. Unter Schütteln des Topfes garen. Den Deckel auflegen, nach ca. 10 Minuten sind alle einwandfreien Muscheln geöffnet. Vom Herd nehmen und erkalten lassen. Die Kräuter waschen, trocken tupfen, die Blättchen der Petersilie hacken und den Schnittlauch in Röllchen schneiden.
Die Form mit Butter einfetten und mit Mehl bestauben; überschüssiges Mehl ausklopfen. Den Teig am besten zwischen 2 Backpapieren ausrollen und die Form damit auslegen, dabei einen Rand hochziehen.
Die Muscheln aus den Schalen lösen. Butter und Mehl verkneten und in die Muschelbrühe rühren, kurz aufkochen lassen und vom Herd nehmen, wieder etwas abkühlen lassen. Die Eier mit Crème fraîche verrühren und mit der Garflüssigkeit vermischen. Die Muscheln und das Kürbisfruchtfleisch hinzufügen, die Kräuter unterheben, nochmals abschmecken.
Die Quiche im Backofen auf der 2. Einschubleiste von unten etwa 50 Minuten backen.
Dazu mundet ein Glas trockener Weißwein, am besten der gleiche, der zum Garen der Muscheln genommen wurde.

Pikante Muffins mit dreierlei Füllung

Für 24 Muffins

250 g Kürbisfruchtfleisch
2 EL Olivenöl
Salz, frisch gem. Pfeffer
abgeriebene Muskatnuss

Füllung 1:
1 Zwiebel
2–3 EL Chiliöl
3–4 Champignons, 130 g
1–2 Zweige glattblättrige Petersilie
2 EL Crème fraîche

Füllung 2:
1 gr. Tomate
1 Knoblauchzehe
1 EL Tomatenketchup
1 TL Kräuter der Provence

Füllung 3:
70 g Gorgonzola
½ Birne
einige Schnittlauchhalme
1 TL provenzalischer Senf

Für den Teig:
4 Eier, 100 ml Olivenöl
225 ml Buttermilch
100 g Ricotta
460 g Dinkel-Vollkornmehl
5 TL Weinsteinbackpulver
Salz

Butter und Mehl für 2 Muffinbleche

Zubereitungszeit:
30 Minuten
Backzeit:
25 und 20 Minuten

Den Backofen auf 180 °C vorheizen. Ein Backblech mit Backpapier auslegen und das halbierte Kürbisfruchtfleisch darauf legen. Mit Olivenöl beträufeln, etwa 25 Minuten im Backofen garen, bis das Fruchtfleisch weich ist, dann pürieren. Mit Salz, Pfeffer und Muskatnuss würzen.
Inzwischen die 3 unterschiedlichen Füllungen herstellen. Die Zwiebel abziehen und fein würfeln. In ein Schälchen geben und mit Chiliöl begießen. Die Champignons putzen und klein schneiden. Die Petersilie waschen, die Blättchen hacken und zufügen. Die Hälfte der Zwiebeln in eine Pfanne geben. Die Champignons zufügen und einige Minuten bei starker Hitze braten, salzen und pfeffern. Vom Herd nehmen, die Petersilie und Crème fraîche hineinrühren.
Die Tomate waschen und hacken. Den Knoblauch abziehen und zerdrücken. Die andere Hälfte der Zwiebel in der Pfanne leicht anbraten. Die Tomate und die Knoblauchzehe zufügen, einige Minuten schmoren lassen. Tomatenketchup hineinrühren. Mit Salz, Pfeffer und Kräutern der Provence würzen.
Für die 3. Füllung den Gorgonzola und die Birne in kleine Stücke schneiden. Den Schnittlauch waschen und in Röllchen schneiden. Mit dem Senf zufügen.
Das Kürbisfruchtfleisch dritteln, jeweils zu der Füllmasse geben und unterrühren, nochmals abschmecken.
Den Backofen auf 160 °C vorheizen. Die Muffinförmchen mit Butter einfetten und mit Mehl bestauben; überschüssiges Mehl ausklopfen.
Für den Teig die Eier mit Olivenöl, Buttermilch und Ricotta verrühren. Das Dinkel-Vollkornmehl mit Weinsteinbackpulver vermischen, salzen und unter die Eier-Olivenölmischung rühren. Den Teig zu einem Drittel in die Vertiefungen geben. Jeweils von der Füllung etwas darauf geben und mit Teig abdecken.
Im Backofen, mittlere Schiene, etwa 20 Minuten backen. Etwas erkalten lassen und die Muffins herausnehmen.
Ideal für eine Party, zum Picknick, Brunch oder einfach für Zwischendurch!

Tipp:
Der Teig soll schwer reißend vom Löffel fallen; eventuell noch etwas mehr Buttermilch zufügen, falls er doch zu fest ist.

Boudin und Kürbis im Blätterteig

3 EL Rapsöl
150–200 g Boudin, ersatzweise Blutwurst
1 kl. rote Zwiebel
1 kl. Apfel
125 g Kürbisfruchtfleisch
25 g Butter
2 EL Crème fraîche
Salz
frisch gem. schwarzer Pfeffer
1 Msp. getr. Majoran
1–2 TL Senf mit grünem Pfeffer
8 Scheiben Blätterteig, Tiefkühlware
1 Ei
1 EL Milch

Zubereitungszeit:
35 Minuten
Garzeit:
10 Minuten
Backzeit:
etwa 20 Minuten

Das Öl in einer Pfanne erhitzen und die Boudin darin beidseitig einige Minuten braten. Herausnehmen und die Pfanne auswischen. Die Zwiebel abziehen und fein hacken. Den Apfel schälen, vom Kerngehäuse befreien und würfeln. Das Kürbisfruchtfleisch ebenfalls würfeln.
Die Butter in der Pfanne zerlaufen lassen, Zwiebel, Apfel und Kürbis darin 10 Minuten dünsten.
Crème fraîche zufügen, mit Salz, Pfeffer, Majoran und Senf gut abschmecken; vom Herd nehmen. Boudin in Scheiben schneiden.
Den Blätterteig aus dem Tiefkühlfach nehmen. Das Ei trennen. Eigelb und Milch verrühren. Den Backofen auf 200 °C Ober- und Unterhitze vorheizen.
Den Blätterteig ausbreiten und zu Quadraten schneiden.
Auf das obere Drittel des Blätterteigs Boudin mit Apfel-Kürbis-Masse geben, die Ränder mit Eiweiß bestreichen und zum Dreieck falten. Die Ränder gut aneinander drücken. Nach Belieben mit der Gabel eine Verzierung drücken. Die Blätterteigdreiecke mit dem verrührten Eigelb bestreichen und die Dreiecke auf ein mit kaltem Wasser abgespültes und nicht abgetrocknetes Blech geben.
Für etwa 20 Minuten in den Backofen stellen, bis der Blätterteig aufgegangen und goldgelb ist.

Seit etwa 50 Jahren treffen sich jeden März in Mortagne-au-Perche/Normandie hunderte Köche und Metzger und ringen um den Lorbeer für die beste Wurst. Höchstes Ziel ist es, in die Confrérie des Chevaliers du Goûte Boudin aufgenommen und zum Ritter geschlagen zu werden. Die Gewinner verpflichten sich, diese kulinarische und preisgünstige Spezialität durch lokale Feste und Werbung zu verbreiten. Wörtlich: „die Produkte des Perche zu verwerten; die große Vielfalt der Blutwürste Frankreichs hervorzuheben; die regionalen Herstellungsverfahren im Perche und in allen anderen Provinzen Frankreichs ... zu bewahren oder gar wiederzubeleben; die Suche nach guten kulinarischen Rezepten zu fördern und die alten lokalen Traditionen wieder aufleben zu lassen; unter den Mitgliedern der Bruderschaft Gefühle von Freundschaft, Hilfsbereitschaft, Ehre und Uneigennützigkeit zu pflegen".
Was liegt da näher, als den Kürbis mit der Blutwurst zu vereinen!?

Steirisches Kürbisbrot

600 g Kürbis,
vorzugsweise Hokkaido
2 EL Olivenöl

500 g Dinkelvollkornmehl
40 g Hefe
1 TL Zucker
etwa 250 ml Wasser
2 EL Kürbiskernöl
2 TL Brotbackgewürz,
bestehend aus Fenchel,
Anis, Koriander, Kümmel
Salz

Zum Bestreichen:
2 EL Kürbiskernöl
25 g Kürbiskerne

Zubereitungszeit:
15 Minuten
Ruhezeit:
40 Minuten
Backzeit:
110–120 Minuten

Den Backofen auf 180 °C Ober- und Unterhitze vorheizen.
Den Kürbis waschen und die Kerne mit einem Löffel herausschaben. Es werden etwa 500 g Fruchtfleisch übrig bleiben. Das Stück Kürbis im Ganzen auf ein mit Backpapier ausgelegtes Blech geben und mit dem Olivenöl übergießen. Etwa 1 Stunde im Backofen belassen, bis das Fruchtfleisch weich ist.
Inzwischen das Dinkelvollkornmehl in eine Schüssel geben. In die Mitte eine Vertiefung drücken. Die Hefe hineinbröckeln und mit Zucker bestreuen. Mit der Hälfte des warmen Wassers begießen und leicht verrühren. Abgedeckt 20 Minuten bei Raumtemperatur stehen lassen, bis die Hefe aufgegangen ist.

Das weiche Kürbisfleisch pürieren und warm mit Kürbiskernöl und den Gewürzen zum Vorteig geben. Das restliche warme Wasser zufügen und gut durchkneten. Abgedeckt etwa 20 Minuten gehen lassen.
2 Brote formen und mit dem Messer eine oder zwei Kerben einritzen. Die Brote mit Kürbiskernöl bestreichen und Kürbiskernen bestreuen.
Im vorgeheizten Backofen bei 190 °C Ober- und Unterhitze 50 bis 60 Minuten backen.

Für das süße Brot gibt es noch eine schnellere **Variante,** die zu unseren Brotaufstrichen und Marmeladen sehr gut passt.
Dazu 450 g Dinkelvollkornmehl, 3 EL gemahlene Kürbiskerne, 1 Tütchen Trockenhefe (9 g), 3 EL Zucker, 2 TL Vanillezucker, 1 TL Fenchelsamen, 1 TL abgeriebene unbehandelte Zitronenschale mit 300 ml Milch und 2 EL Kürbiskernöl verrühren. 40 Minuten abgedeckt bei Zimmertemperatur stehen lassen. Zu einem Laib formen, eine Kerbe einritzen und mit Wasser bestreichen. Im vorgeheizten Backofen bei 190 °C Ober- und Unterhitze 50 bis 60 Minuten backen.

„DICKE" FRUCHTDRINKS

MELONEN-INGWER-LASSI
Für 6 Gläser

1 Charantais-, Cantaloupe- oder Ogen-Melone
2 EL Zucker
etwa 1 TL gemahlener Ingwer
200 g Joghurt
½–¾ Liter stilles Mineralwasser

Zubereitungszeit:
10 Minuten

HONIGMELONEN-GETRÄNK MIT KÜRBISKERNÖL
Für 4 Gläser

350 g Honigmelone
½–1 Limette
125 ml stilles Mineralwasser
125 ml Eierlikör
2–3 EL Kürbiskernöl

Zubereitungszeit:
10 Minuten
Kühlzeit:
30 Minuten

MELONEN-INGWER-LASSI
Die Melone schälen und die Kerne entfernen. Das Fruchtfleisch pürieren. Zucker, Ingwer, Joghurt und Wasser hinzufügen und schaumig rühren.
Eiswürfel in ein hohes Glas geben und das Getränk darauf gießen.
Ein herrlich erfrischendes Getränk!

HONIGMELONEN-GETRÄNK MIT KÜRBISKERNÖL
Die Melone schälen, die Kerne entfernen, in Stücke schneiden und pürieren.
Den Saft der Limette auspressen, mit dem Mineralwasser zufügen und 30 Minuten kalt stellen.
In 4 schöne Gläser füllen. Eierlikör und Kürbiskernöl so hineinträufeln, dass Schlieren entstehen. Mit Strohhalm servieren.

Falls Sie Kürbiskernöl-Eierlikör selbst herstellen möchten, hier das Rezept:
450 ml Milch mit 2 Zimtstangen, ½ Vanilleschote, abgeriebener Muskatnuss und Macis zum Kochen bringen. Bei niedriger Temperatur 15 bis 20 Minuten köcheln lassen. 400 g Zucker zufügen und unter Rühren auflösen, weitere 20 Minuten köcheln lassen. Durch ein Sieb zurück in den ausgewischten Topf geben. 7 Eigelbe dick schaumig aufschlagen und mit ½ TL Natron in die Milch rühren. Bis kurz vor den Siedepunkt unter Rühren erhitzen. Vom Herd nehmen, abkühlen lassen, dabei öfters rühren. Zum Schluss 550 ml Rum und 75 ml Kürbiskernöl zufügen. In 2 Flaschen abfüllen. 2 Tage ruhen lassen.

Matcha und Melone
Dream of Halloween

MATCHA UND MELONE
Für 4 Gläser

½ TL Matcha-Teepulver
(grüner japanischer Tee)
300 g Honigmelone
½ Zitrone
1 ½ EL Vanillezucker

125 g Melonen-Fruchtfleisch, nach Belieben
4 Minzeblättchen

Zubereitungszeit:
10 Minuten
Kühlzeit:
30 Minuten

DREAM OF HALLOWEEN
Für 4 Gläser

175 g Kürbisfruchtfleisch, möglichst von einem orangefarbenen
300 ml Kokosnussmilch
1 ½ EL Vanillezucker
abgeriebene Muskatnuss
4 cl Whiskey
Saft von ½ Limette
2 EL gem. Kürbiskerne
4 TL Kürbiskernöl

Zubereitungszeit:
8 Minuten
Garzeit:
etwa 12 Minuten

MATCHA UND MELONE
Matcha-Teepulver mit 70 °C warmem Wasser übergießen, verrühren und kalt stellen. Die Honigmelone schälen, die Kerne entfernen und pürieren. Den Saft der Zitrone auspressen und mit dem Vanillezucker zufügen. Mit dem Tee vermischen und gut gekühlt servieren. Nach Belieben mit einem Kugelausstecher Melonenbällchen ausstechen und zusammen mit einem Minzeblättchen dekorieren.

Vor etwa 1000 Jahren brachte ein Mönch des Chang-Buddhismus auch Teesamen von China nach Japan. Dort entstand mit der Zeit die traditionelle japanische Teezeremonie.

DREAM OF HALLOWEEN
Das Kürbisfruchtfleisch in Stücke schneiden und in einen Dampfeinsatz geben. Etwa 12 Minuten dämpfen, bis der Kürbis weich ist. Das Fruchtfleisch herausnehmen, 4 schöne kleine Stücke beiseite legen, den Rest pürieren und abkühlen lassen. Die Kokosnussmilch zufügen sowie Vanillezucker, Muskatnuss und Whiskey. Die Ränder der Gläser mit Limettensaft benetzen und in gemahlene Kürbiskerne tauchen. Das Mixgetränk einfüllen und in jedes Glas 1 TL Kürbiskernöl darüber träufeln. Mit den Kürbisstücken garnieren.

Farben-Rausch

FUTURE
Für 1 Glas

8 cl Eierlikör
15 cl Kokosnussmilch
1 TL Kürbiskernöl

Zubereitungszeit:
2 Minuten

SUNNY DAYS
Für 2–3 Gläser

5 Orangen
100 g Kürbispüree, gedämpft
8 cl Rum

Zubereitungszeit:
2 Minuten
(ohne Herstellung des Pürees)

HONIGMELONEN-COCKTAIL
Für 8 Gläser

1 grünfleischige Honigmelone
4 EL Limettensirup
4 EL Minzelikör
4 EL Puderzucker
1 Flasche trockener Sekt, 750 ml
8 Minzeblättchen

Zubereitungszeit:
15 Minuten
Ruhezeit:
30 Minuten

FUTURE
Eierlikör und Kokosnussmilch verrühren, in ein Glas geben und Kürbiskernöl reintröpfeln.

SUNNY DAYS
4½ Orangen auspressen. Die restliche halbe Orange in Scheiben schneiden. Kürbispüree mit dem Saft verrühren und mit dem Rum verfeinern.
Mit den Orangenscheiben garniert servieren.

HONIGMELONEN-COCKTAIL
Die Melone halbieren. Die Kerne und Fasern herausnehmen. Mit Hilfe eines Kugelausstechers aus dem Fruchtfleisch kleine Bällchen formen und kühl stellen. Limettensirup, Minzelikör und Puderzucker verrühren. Mit den Melonenbällchen vermischen. 30 Minuten gekühlt durchziehen lassen. In 8 bereitgestellte Cocktailgläser verteilen. Mit gut gekühltem Sekt auffüllen. Mit einem Minzeblättchen garnieren.

Die Rezepte nach Gruppen

Soweit in den Rezepten nichts anderes vermerkt ist, sind die Zutaten für vier Personen berechnet.

Salate, Brotaufstriche, Vorspeisen und kleine Gerichte

Salatplatte „Kürbis" mit Kürbis-Sabayon	32
Steirischer Brotaufstrich	34
Kürbiskernölaufstrich nach Bad Gamser Art	34
Kürbiskernaufstrich auf meine Art	36
Frischkäse mit Meerrettich	36
Kürbiskern-Pesto	38
Tomaten-Kürbis-Pesto und Kürbis-Käse-Dip	38
Kürbis-Käse	40
Gefüllte Zucchiniröllchen	42
Zucchinitörtchen mit Forellenkaviar	44
Kleiner Butternut-Salat	46
Raita mit Gurke und Garnele	48
Käferbohnen-Salat mit steirischem Kürbiskernöl	50
Kürbisterrine mit Roastbeef	52
Frittierte Zucchiniblüten	54
Gemüsesülzchen	56
Eingelegte Chilis mit Gemüse	58
Gegrillter Muscade de Provence	60
Tête de Moine mit Melonenbällchen	62
Melonen-Kaltschale	62

Suppen und Eintöpfe

Drei-Schwestern-Suppe	66
Kürbissuppe nach Art der Mauren	68
Indische Rote Linsensuppe	70
Kürbissuppe auf englische Art	72
Kürbissuppe mit Flusskrebsschwänzen	74
Kubanische Vichyssoise	76
Algerische Fastensuppe	78
Marokkanische Safran-Gemüsesuppe	80
Zucchinisuppe mit Parmesanschaum	82
Kanarischer Eintopf	84

Hauptgerichte aus aller Welt

Jakobsmuschel auf Kürbis-Kartoffelpüree	88
Wildlachs mit Kürbiskern-Couscous	90
Kernöl-Rührei mit Aal und Schmorgurken	92
Fisch in Egusi-Kürbiskernsauce	94
Kürbisauflauf mit Lamm	96
Gefüllter Spaghettikürbis	98
Frikadellen auf Butternut-Scheiben	100
Kambodscha-Hähnchen mit Kürbis	102
Schnitzel nach Art der Steirischen Ölspur	104
Schweinefilet mit Zucchini	106
Schwedisches Haschee	108
Kürbis aus dem Ofen	110
Gefüllte Hirschkeule	112

Vegetarische Genüsse

Kürbis-Kartoffelsalat mit Eiern	116
Acorn Squash mit Beluga-Linsen	118
Kürbis und Pilze in Pergamentpapier	120
Dinkelnudeln unter der Kürbishaube	122

Tofu-Kürbispfanne	124	Mixed Pickles	172
Kürbis und Zucchini vom Blech	126	Kürbismus mit Senf	172
Russische Kürbis-Pfannkuchen	128	Kürbis exotisch konserviert	174
Kürbis-Zucchini-Puffer	128		
Kürbis-Mangold-Pfanne	130	**Backwaren und Getränke**	
Bibeleskäs-Terrine mit		Jingle Bells	178
Steinpilz-Salat	132	Sternkuchen	180
Kürbis und Pfifferlinge in		Kastanien-Windbeutel mit	
Mangold-Crêpes	134	Kürbis-Apfelcreme	182
Kürbiskernbutter, Klößchen		Knusperberge	184
und Pilze	136	Kürbiskuchen – Pumpkin Pie	186
Chili für Vegetarier	138	Quiche mit Muscheln und	
		Kürbis	188
Süßspeisen, Marmeladen und		Pikante Muffins mit dreierlei	
Chutneys		Füllung	190
Eis mit Kürbiskernöl und		Boudin und Kürbis im Blätterteig	192
Rumtopffrüchten	142	Steirisches Kürbisbrot	194
Kürbis-Sanddorn-Mousse	144	Melonen-Ingwer-Lassi	196
Kürbiskernwaffeln	144	Honigmelonen-Getränk mit	
Kürbis in der Tonform	146	Kürbiskernöl	196
Kürbis-Kompott aus Kappadokien	148	Matcha und Melone	198
Gestürzte Kürbistürmchen	150	Dream of Halloween	198
Kürbis-Marzipan-Parfait	152	Future	200
Gebackener Kürbis mit		Sunny Days	200
Karamell-Zwiebeln	154	Honigmelonen-Cocktail	200
Kürbis-Dessert aus der Kasbah	156		
Filoteigschalen mit			
Melonenbällchen	158		
Kürbis in Curryteig	160		
Engelshaar	162		
Kürbis-Quitten-Mus	162		
Halloween-Marmelade	164		
Kürbis-Kumquat-Marmelade	166		
Kürbis süß-sauer	168		
Kürbis-Apfel-Chutney	170		
Kürbis-Tomaten-Chutney	170		

Die Rezepte
ALPHABETISCH

Die Rezepte und Vorschläge wurden von Autorin, Verlag und Redaktion sorgfältig geprüft, jedoch kann eine Garantie nicht übernommen werden. Eine Haftung des Verlags, seiner Beauftragten oder des Autors für etwaige Peronen-, Sach- oder Vermögensschäden ist ausgeschlossen.

Acorn Squash mit Beluga-Linsen	118
Algerische Fastensuppe	78
Bibeleskäs-Terrine mit Steinpilz-Salat	132
Boudin und Kürbis im Blätterteig	192
Chili für Vegetarier	138
Dinkelnudeln unter der Kürbishaube	122
Dream of Halloween	198
Drei-Schwestern-Suppe	66
Eingelegte Chilis mit Gemüse	58
Eis mit Kürbiskernöl und Rumtopffrüchten	142
Engelshaar	162
Filoteigschalen mit Melonenbällchen	158
Fisch in Egusi-Kürbiskernsauce	94
Frikadellen auf Butternut-Scheiben	100
Frischkäse mit Meerrettich	36
Frittierte Zucchiniblüten	54
Future	200
Gebackener Kürbis mit Karamell-Zwiebeln	154
Gefüllte Hirschkeule	112
Gefüllte Zucchiniröllchen	42
Gefüllter Spaghettikürbis	98
Gegrillter Muscade de Provence	60
Gemüsesülzchen	56
Gestürzte Kürbistürmchen	150
Halloween-Marmelade	164
Honigmelonen-Cocktail	200
Honigmelonen-Getränk mit Kürbiskernöl	196
Indische Rote Linsensuppe	70
Jakobsmuschel auf Kürbis-Kartoffelpüree	88
Jingle Bells	178
Käferbohnen-Salat mit Kürbiskernöl	50
Kambodscha-Hähnchen mit Kürbis	102
Kanarischer Eintopf	84
Kastanien-Windbeutel mit Kürbis-Apfelcreme	182
Kernöl-Rührei mit Aal und Schmorgurken	92
Kleiner Butternut-Salat	46
Knusperberge	184
Kubanische Vichyssoise	76
Kürbis aus dem Ofen	110
Kürbis exotisch konserviert	174
Kürbis in Curryteig	160
Kürbis in der Tonform	146
Kürbis süß-sauer	168
Kürbis und Pfifferlinge in Mangold-Crêpes	134
Kürbis und Pilze in Pergamentpapier	120
Kürbis und Zucchini vom Blech	126
Kürbis-Apfel-Chutney	170
Kürbis-Tomaten-Chutney	170
Kürbisauflauf mit Lamm	96

Kürbis-Dessert aus der Kasbah	156
Kürbis-Kartoffelsalat mit Eiern	116
Kürbis-Käse	40
Kürbiskernaufstrich auf meine Art	36
Kürbiskernbutter, Klößchen und Pilze	136
Kürbiskernölaufstrich nach Bad Gamser Art	34
Kürbiskern-Pesto	38
Kürbiskernwaffeln	144
Kürbis-Kompott aus Kappadokien	148
Kürbiskuchen – Pumpkin Pie	186
Kürbis-Kumquat-Marmelade	166
Kürbis-Mangold-Pfanne	130
Kürbis-Marzipan-Parfait	152
Kürbismus mit Senf	172
Kürbis-Quitten-Mus	162
Kürbis-Sanddorn-Mousse	144
Kürbissuppe auf englische Art	72
Kürbissuppe mit Flusskrebsschwänzen	74
Kürbissuppe nach Art der Mauren	68
Kürbisterrine mit Roastbeef	52
Kürbis-Zucchini-Puffer	128
Marokkanische Safran-Gemüsesuppe	80
Matcha und Melone	198
Melonen-Ingwer-Lassi	196
Melonen-Kaltschale	62
Mixed Pickles	172
Pikante Muffins mit dreierlei Füllung	190
Quiche mit Muscheln und Kürbis	188
Raita mit Gurke und Garnele	48
Russische Kürbis-Pfannkuchen	128
Salatplatte „Kürbis" mit Kürbis-Sabayon	32
Schnitzel nach Art der Steirischen Ölspur	104
Schwedisches Haschee	108
Schweinefilet mit Zucchini	106
Steirischer Brotaufstrich	34
Steirisches Kürbisbrot	194
Sternkuchen	180
Sunny Days	200
Tête de Moine mit Melonenbällchen	62
Tofu-Kürbispfanne	124
Tomaten-Kürbis-Pesto und Kürbis-Käse-Dip	38
Wildlachs mit Kürbiskern-Couscous	90
Zucchinisuppe mit Parmesanschaum	82
Zucchinitörtchen mit Forellenkaviar	44

Bildquellen
Stefan Hinner 7
Kiepenkerl-Pflanzenzüchtung 15 o., 106
Renate Kissel 10, 11, 13, 18 r., 46, 96, 104, 134, 182
Uta Kissel 16
FLOVEG GmbH, Alexander May 152, 168
Institut für Tourismus in Spanien (TURESPAÑA) 68, 146
Ulrich Triep 15 u., 88
Sigloch Edition, Bildarchiv (Sabine Böttcher) 2, 4, 5, 8, 9, 14, 18 l., 19, 20, 21, 22, 24, 25, 26, 30/31, 40, 42, 48, 50, 52, 54, 60, 62, 64/65, 70, 72, 74, 78, 82, 86/87, 90, 102, 114/115, 116, 120, 124, 126, 130, 140/141, 150, 154, 156, 162, 166, 174, 176/177, 184, 186, 198, 200
sowie alle Rezeptabbildungen auf den ungeraden Seiten von 33 bis 201
Sigloch Edition, Bildarchiv (Thomas Filip) 12, 27, 29, 34, 36, 194
Sigloch Edition, Bildarchiv 6, 17, 66, 94, 108, 148

Die Kürbisausstellung zu den KÜRWIESTAGEN wurde von der Versuchsstation für Spezialkulturen in Wies/Steiermark arrangiert. Fotos: Renate Kissel

Ein herzliches Dankeschön an alle freundlichen Foto-Lieferanten sowie Frau Valérie Sauter, Jucker Farmart, Seegräben/Schweiz für ihre Vermittlung des Fotos aus Ludwigsburg.

Impressum
© SIGLOCH Edition, Am Buchberg 8, D-74572 Blaufelden
Internet: www.sigloch.de
Nachdruck verboten. Alle Rechte vorbehalten.
Redaktionelle Bearbeitung: Friedhelm Messow
Layout und Satz: Andrea Funk, Sigloch Gruppe
Druck und Bindearbeiten: Printing Partners, Baltics
ISBN 978-389393-316-7

REIHENWEISE
KULINARISCHE KÖSTLICHKEITEN

In gleicher Ausstattung sind weitere Titel lieferbar.